SIMON &
SCHUSTER

LIBROS EN
ESPAÑOL

1019-89/7

Ramon Charveat

El Devocionario de Su Ángel de la Guarda

Bárbara Mark
y
Trudy Griswold

Traducido por Mónica Terán

Simon & Schuster
LIBROS EN ESPAÑOL

SIMON & SCHUSTER
LIBROS EN ESPAÑOL
Rockefeller Center
1230 Avenue of the Americas
New York, NY 10020

Diseño por Levavi & Levavi
Producido por K&N Bookworks Inc.

Hecho en los Estados Unidos de América
10 9 8 7 6

Datos de catalogación de la Biblioteca del Congreso
Mark, Barbara.
　　[Angelspeake book of prayer and healing. Spanish]
　　El devocionario de su angel de la guarda/Bárbara Mark y Trudy
Griswold.
　　　　p.　　cm.
　　1. Angels. 2. Prayer. 3. Spiritual life.　　I. Griswold, Trudy.
II. Title.
[BL477.M3518　1997]
241.2'15—dc21　　　　　　　　　　　　　　　97-35171
　　　　　　　　　　　　　　　　　　　　　　　CIP

ISBN: 0-684-84195-9
　　　0-684-85260-8 (pbk)

Reconocimientos

Hubo muchos "ángeles" que nos motivaron (y se motivaron con nosotras) mientras viajábamos por el país. Gracias a Susan y Tom Carter, Carlos Laster, Mollie Yowell, Laura Watson, Sue Storm y Pat y Grigs Markham por habernos facilitado su condominio de Vermont cuando buscábamos un lugar aislado para inspirarnos.

Gracias a los muchos "ángeles maestros" quienes, de alguna forma, nos enseñaron cómo escribir un libro, o qué incluir en él: Geri Norrington, Millie Landis, Geneva Gorsuch y Elizabeth Brown.

Hemos tenido muchos "ángeles terrenales" que nos han ayudado con este libro y a través de nuestras vidas, tales como: Jerry Mark, Gilian Drummond, Linda Engstrom, John Heise, French Wallop, Virginia Callahan, Rabbi Judith Schindler, Kathirswami, Bhuchung Tsering, Zak Chandry, Celeste Kelley y Bryan Jameison.

Dios bendiga a nuestros "niños ángeles", Caroline Griswold, Kate Griswold, Michael y Roema Mark, Suzanne Mark y su esposo Joe Coco, y Stephanie y Monte Roberts. Gracias a los niños por su amor incondicional con el que nos apoyaron.

Agradecemos a nuestra "hermana ángel", Jackie Anderson, y a sus hijas, Regan, Raena y Rhyan. Gracias niñas, por ser tan fantásticas con Tía Trudy y Tía Bárbara.

Hubo muchos "ángeles editores" que nos guiaron desde la primera palabra hasta el fin. Gracias a nuestros agentes John Sammis y Ron Jaffe por ayudarnos a dar nuestro mensaje con claridad. Gracias a nuestro "equipo de apoyo" de Simon y Schuster que nos mantuvieron encarrilados: Dominick Anfuso y Holly Zappala, y Ana DeBevoise, quien se encargó de recopilar miles de detalles y quien es la persona más organizada que conocemos. Finalmente, unas muy especiales gracias a Bob Griswold, editor extraordinario, cuyas habilidades de escritor siempre han realizado el mensaje de *Hablando con Su Angel de la Guarda*. Gracias a Bob por decir siempre que sí.

"Angeles fotógrafos" como Lucy Ackerman y Judy Lee, hicieron magia una vez más con su película para hacernos ver como ángeles.

Gracias de todo corazón a todos esos "ángeles motivadores" que nos conocen, nos han invitado, han asistido a las clases o nos han ayudado a través de sus tarjetas, cartas, llamadas telefónicas, faxes y correos electrónicos. Al compartir su tiempo y sus experiencias personales de los ángeles ustedes han ayudado a más personas de las que puedan imaginar.

Y, por supuesto, gracias a nuestros "ángeles ángeles", John/Paul, Joshua y Gabriel, quienes nos han ayudado a comprender verdaderamente que las vida ES buena.

Dedicamos este libro a
Chris Heise y Frank Smelik,

y

a todos los que ven a Dios a través de los ángeles. . .
en ambos lados de la vida.

Contenido

11

Introducción

La vida es buena. Cuando sentimos que la vida es mala es porque no somos buenos con ella. Este es un libro que habla sobre cómo tener una vida buena. Este libro trata de la armonía, la reconciliación y de cómo sacarle provecho a lo bueno de la vida.

Dios es bueno. Dios nos da la vida y nos ama. Cuando nos alejamos de las cosas buenas de Dios, cuando tratamos de vivir la vida a *nuestra manera*, entonces la vida se vuelve difícil. Cuando permitimos que las cosas sucedan, cuando nos entregamos, cuando nos reconciliamos con todas las bondades que Dios representa, con la ayuda de Sus ángeles, entonces la vida puede darnos todo lo que queremos obtener de ella. Podemos tener una vida plena en lugar del más terrible de los eventos, los más espantosos problemas, temores, dolores y penas.

La vida no es fácil. No confunda bueno con fácil. Hoy en día nuestras vidas personales no son fáciles, pero son muy, muy buenas. ¿Cómo es que ciertas personas pueden sobrevivir a impresionantes dificultades, enfermedades, ruinas financieras, la muerte de seres queridos, y mantenerse serenos, comprensivos y aun felices? ¿Cómo podemos lograr que las situaciones más terribles se tornen en avenidas que nos lleven a encontrarnos con una buena vida? ¿Una vida plena? ¿Una vida llena de paz? ¿Podemos lograrlo? ¿Puede transformar su vida en una experiencia llena de gozo? ¿Puede curarse a sí mismo y encontrar ayuda en un Dios que es amoroso? Nosotras decimos que sí, usted puede. La diferencia está en mantener una actitud entusiasta y alegre, y en tener la voluntad para permitir que sus ángeles lo ayuden a resolver cualesquiera dificultades que surjan en su vida diaria.

Este libro habla acerca del trabajo *con* la vida. *Hablando con Su Angel de la Guarda* nos decía cómo comunicarse con seres divinos. Este libro es acerca de cómo utilizar a esos seres divinos una vez que los ha contactado, para poder lograr una existencia más plena, para encontrar la armonía en uno mismo, y para conformar una nueva actitud hacia usted y Dios.

La vida es buena, y aprender esta verdad no es difícil. Los ángeles de Dios están de pie justo a su lado, mientras usted lee estas líneas, esperando para ayudarle. Todo lo que tiene que hacer es pedir ayuda y, créalo, le será dada, permítales que le ayuden y luego agradezca las bondades que le sucedan.

Ahora sabemos que nuestros ángeles no se acercaron a nosotras porque éramos muy especiales, sino mas bien porque no lo éramos. Ahora sabemos que mucha gente en el mundo está siendo "despertada". También sabemos que no somos distintas de usted, o a miles de otros que están leyendo este libro.

Nunca hemos visto a un ángel o hemos sido "atrapados por las garras de la muerte." Simplemente somos dos hermanas, quienes, por alguna razón que nunca conoceremos por completo, fuimos despertadas por los ángeles. Estábamos dispuestas a escuchar la primera vez que oímos su mensaje y nos hemos mantenido siguiendo el mensaje que recibimos de nuestros ángeles desde ese día.

Los ángeles nos ayudan en todas las formas imaginables. Son mensajeros de Dios y hacen lo que Dios quiere que hagan. No hay nada que no puedan hacer. En nuestra primera clase nos preguntaron: "¿A Quién oramos para estar seguros de que conoceremos a nuestros ángeles?" La respuesta es: a ¡Dios! ¡Dios! ¡Dios!. Cuando oramos, Dios responde a través de su reino angelical.

A través de los años hemos formado una sociedad con nuestros ángeles y nos hemos dado cuenta de que nuestras vidas son más felices, más fáciles de manejar, más abundantes y más plenas. Hemos sido instruídas por nuestros ángeles, amadas por ellos, guiadas por ellos, pero por encima de todo, alentadas por ellos. Lo que nos han dicho que iba a suceder, sucedió. No siempre en la forma que imaginábamos. Por lo general mejor que eso. De estar llenas de dudas y escepticismo, hemos construído una relación de confianza y amistad. Realmente amamos a nuestros ángeles, sentimos su amor recíproco, y no podemos imaginar nuestras vidas sin ellos.

Cuando apenas nos abríamos a la posibilidad de los ángeles y empezábamos a confiar en lo que nos decían y lo que hacían por nosotras, pasamos por una serie de altibajos emocionales, espirituales, intelectuales y personales. Después de que se editó nuestro libro *Hablando con Su Angel de la Guarda*, empezamos a recibir muchas llamadas telefónicas y cartas de otros buscadores que caminaban por el sendero espiritual. Una y otra vez escuchábamos la misma pregunta: "¿Cómo puedo estar seguro de que me comunico con mis ángeles?"

Usted obviamente se dio cuenta que aprender a hablar con su angel de la guarda era el primer paso para obtener la ayuda divina. Ahora que se puede comunicar con los ángeles, desea avanzar más rápido, con más poder y claridad. Logró entender más acerca de los ángeles y cómo utilizar más eficazmente sus conocimientos en todas las áreas de su vida. Algunos de ustedes han tenido gran éxito en la comunicación angelical, pero no en dejar que los ángeles les ayuden a mejorar sus vidas.

¡Ha sucedido muchísimo más de lo que pensábamos a estudiantes y lectores alrededor del mundo! Los ángeles continuaron enseñándonos después de publicado *Hablando con Su Angel de la Guarda*. Nos dimos cuenta que estaban contentos con *Hablando con Su Angel de la Guarda*, y que la gente alrededor del mundo lo leía. Había llegado el momento de profundizar en el mensaje con otro libro. Fue precisamente el conocimiento de sus descubrimientos personales lo que nos hizo percatarnos de que *El Devocionario de Su Angel de la Guarda* necesitaba escribirse. Empezamos a pensar, como nunca antes, en el significado y la importancia de *Los Cuatro Principios* básicos: Pedir, Tener Fe, Permitir que Suceda, y Agradecer. Ya sabíamos perfectamente cómo estas cuatro simples directrices podían impulsar y cambiar la vida de alguien, pero no teníamos idea de qué tanto o cuánto podrían abarcar esos cambios.

Nos damos cuenta de que *Hablando con Su Angel de la Guarda* fue la clave de su comunicación con los ángeles. Percibimos a este libro como la puerta hacia el almacén de ayuda que sus ángeles le darán para que disfrute y alcance un nuevo camino en su vida espiritual. Utilice las lecciones y la motivación de *Hablando con Su Angel de la Guarda* para mejorar su comunicación y, sobre todo, haga su mejor esfuerzo para hablar con sus ángeles tanto como sienta que lo necesita.

Una de las primeras sorpresas con la que nos encontramos sucedió cuando *Hablando con Su Angel de la Guarda* apareció en *Publishers Weekly*, en la lista de best sellers de religión. ¡Nunca concebimos a *Hablando con Su Angel de la Guarda* como un libro religioso! Para nosotras el libro era la forma manuscrita de nuestras clases de cómo hablar con los ángeles, y fue pensado como un libro para "poder lograrlo". Las cartas que recibimos de nuestros lectores tampoco tienen nada que ver con la religión. Una de esas personas nos dijo cómo el escribir a sus ángeles había cambiado su vida. Cartas y llamadas telefónicas relataban, una tras otra, experiencias de gente que les escribía a sus ángeles y utilizaba *Los Cuatro Principios.* Recibíamos cartas de gente que creía y gente que dudaba. Escuchamos historias que rayaban en lo milagroso. Supimos de gente que rompía con sus limitaciones personales y encontraba la libertad. Conocimos a personas que establecían una "red de ángeles" para darse y darles a otros el apoyo que necesitaban. Encontramos personas que habían realizado sus sueños de toda la vida. Otros que se habían salvado del desastre financiero, espiritual y físico. Hubo espíritus generosos que tenían historias que compartir y nos enseñaban otras formas de observar nuestro propio progreso.

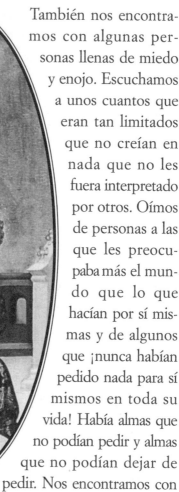

También nos encontramos con algunas personas llenas de miedo y enojo. Escuchamos a unos cuantos que eran tan limitados que no creían en nada que no les fuera interpretado por otros. Oímos de personas a las que les preocupaba más el mundo que lo que hacían por sí mismas y de algunos que ¡nunca habían pedido nada para sí mismos en toda su vida! Había almas que no podían pedir y almas que no podían dejar de pedir. Nos encontramos con personas que no podían creer por miedo a perder su poder si se volvían seres espirituales. Mujeres que tenían temor de preguntar por temor a que la respuesta las pudiera llevar a donde tenían miedo de ir.

Recibimos llamadas de todo el mundo. Volvimos a escuchar la voz de amigos con quienes habíamos perdido todo contacto desde hacía mucho tiempo. Recibimos cartas en idiomas que no podíamos leer. Nos dijeron que *Hablando con Su Angel de la Guarda* les había salvado la vida, les había cambiado la vida y les había abierto nuevas posibilidades. Nos invitaron a llevar nuestro mensaje a otras partes del país para dar seminarios y talleres. Muchas, muchas lágrimas se derramaron, algunas veces mucho antes de que siquiera hubiésemos dicho: "Hola".

El Sistema de Televisión Pública (PBS) grabó un "workshop", y sus afiliadas empezaron a transmitirlo a través del país, esparciendo el mensaje de *Hablando con Su Angel de la Guarda* por todas partes, vía televisión. Los ángeles nos dijeron que el mensaje que nos habían dado para enseñar eventualmente se extendería a todo el mundo y nosotros veríamos cumplirse la profecía.

Nos percatamos de que el libro en sí mismo era sólo una parte de la experiencia de *Hablando con Su Angel de la Guarda*. Pareciera como si cada libro llegara con su propio ángel y ese ángel fuera específicamente escogido por el lector. Supimos de gente a quienes les había llegado el libro en las formas más increíbles, y de algunas personas que

habían comprado diez o doce al mismo tiempo, para regalarlos a amigos.

El mensaje de *Hablando con Su Angel de la Guarda* es el de cómo aprender a comunicarse con sus ángeles por escrito. Este libro, *El Devocionario de Su Angel de la Guarda*, les ayudará a crear un nuevo nivel de intimidad con sus ángeles, y culminará en una unión personal, sanadora y duradera. Lo que dicen los ángeles aparecerá en itálicas rojas para ayudarles a desarrollar un mejor conocimiento de cómo comunican los ángeles.

El Devocionario de Su Angel de la Guarda empieza donde terminó *Hablando con Su Angel de la Guarda*, con una obertura poética muy apropiada por parte de los ángeles.

La Caricia del Angel

Piensa en un momento en que te surgió una idea
tan vívida y pura, y tan verdadera
que olas de felicidad comenzaron a surgir en
una parte de tu cuerpo
e inundaron cada célula de tu ser.
Puedes llamarlo
La Caricia del Angel o
pinceladas de amor.
Fuimos nosotros.
Piensa en ese momento en que despertaste de noche
con un pensamiento tan claro

que sabías que respondía cualquier pregunta.
Fuimos nosotros.
Piensa en el instante en que estabas tan en paz
que podías escuchar
música que distinguiste como "la música de las esferas".
Fuimos nosotros.
Piensa en ese momento en que tu amor era tanto
que no lo podías expresar
porque las palabras no se hicieron
para traducir los sentimientos.
Fuimos nosotros.
Piensa en ese momento en que la Tierra,
Dios
y Tú
estaban en tal armonía que experimentaste tu verdad
en toda su gloria.
Fuimos nosotros.
Piensa en una paz tan profunda
de la que no pudiste encontrar el fondo.
Fuimos nosotros.
Piensa en ese tiempo en que te conectaste con el amor y
la luz
y te dijiste que estabas lleno de Dios
o del Espíritu Santo.
Eras tú
pero también Nosotros.

No somos difíciles de encontrar
Estamos ahí en la paz.
Estamos en la esperanza.
Estamos en el conocimiento.
Solamente SE.
Estamos ahí.

La Oración del Angel de la Guarda

Angel de mi Guarda, de mi dulce compañía

Por quien el amor de Dios me guía.

No me desampares ni de noche ni de día,

Para que tu luz,

Me guíe y me proteja.

26

¡Todos Podemos Hablar con Nuestro Angel de la Guarda!

Iniciamos nuestra jornada espiritual cuando fuimos despertadas por los ángeles. Nos pidieron que les escribiéramos y escuchásemos sus mensajes. Desde entonces nuestras vidas y nuestra forma de percibir y comprender al mundo ha cambiado por completo. Cuando fuimos despertadas, nuestras vidas habían llegado a un punto en el cual éramos capaces de escuchar.

A partir de las primeras comunicaciones que sostuvimos con los ángeles, nuestras vidas comenzaron a cambiar. Una de las cosas más importantes que aprendimos al principio, fue a confiar en los mensajes recibidos. Pasábamos horas al teléfono intentando comprender lo que nos estaba sucediendo, su procedencia y por qué a nosotras. No podíamos detener el flujo de mensajes. Todos los días, los ángeles nos daban lecciones sobre Dios, el universo, el amor, y sobre nuestros senderos espirituales.

Mucho antes de que empezáramos a recibir mensajes específicos, diciéndonos que debíamos enseñar a otros a hablar con sus ángeles, pedimos instrucciones específicas al respecto:

"Angeles, ¿cómo aprende uno a escribirles?". Los ángeles contestaron con una lección que nosotras ahora llamamos *Los Siete Pasos* para recibir mensajes de ángeles. Estas pequeñas siete técnicas parecían tan simples que al principio pensamos que nosotras mismas las habíamos creado. Pero, a

medida que pensábamos más en ellas, nos dábamos cuenta que si hubieran sido hechas por nosotras seguramente serían más complicadas, mucho más ¡intelectuales! Nuestra "calidad humana", como dirían ellos, ¡hubiera sido patente! Este es el método de siete pasos, exactamente como nos los dieron cuando pedimos saber "cómo aprende uno a escribirle a los ángeles".

Los Siete Pasos para Hablar con los Ángeles

Practique, practique, practique, de la misma manera que lo tiene que hacer para aprender cualquier cosa. Pida para obtener la guía y la comprensión necesarias. Ábrase a la posibilidad de desarrollar esta habilidad y permítase que suceda. Recuerde, todo el conocimiento ya está dentro de usted. Todo lo que necesita hacer es tener acceso a él. Durante el proceso de aprendizaje, usted no hace otra cosa más que recordar lo que ya sabe.

La habilidad se desarrolla a través de la repetición, como quien aprende a volar un aeroplano. Usted quizá ya sepa cómo volar un aeroplano en su cerebro, pero la habilidad llega a través de la práctica. El conocimiento le llegará en muchas formas, a través del estudio, por medio de los sueños, a través de la experiencia. Todo estará ahí cuando usted manifieste el deseo de hacerlo. Para que pueda lograr contacto con los ángeles al escribirles, lo único que tiene que hacer es rezar, respirar, escuchar, aceptar, dejarse guiar por su sabiduría interna y confiar.

1. **ORE.** *Pida tener una recepción clara y que usted no interfiera con ella. Pida por la sabiduría y la bendición de que su mensaje espiritual sea escuchado. Cuando usted pide está seguro y rodeado por el amor y la protección de Dios.*
2. **RESPIRE.** *Siéntese y reléjese. Respire y manténgase receptivo. No medite, pero no deje que su mente se disperse. Manténgase sereno.*
3. **ESCUCHE.** *El mensaje llegará a usted como un susurro o puede que hasta a través de sus propios pensamientos, pero se detendrá y volverá a empezar. Si escucha tres palabras, escríbalas a mano o a máquina. Podrá aparecer una pausa antes de las siguientes palabras, pero ya vendrán. No las force.*
4. **ESCRIBA.** *Escuche cómo llegan las palabras justo un segundo antes de que sean escritas. Escuchará. No se preocupe por el sentido de éstas. No tiene que entrar a un determinado estado espiritual. Solamente escriba lo que*

escuche como lo escucha. Algunas veces recibirá "frases pensadas" en las que parece como si usted ya supiera todo lo que sigue, como si se tratase de una historia que ya conoce o una frase que usa con frecuencia. Entre más trate de pensar en lo que pasa, más lento será el flujo.

5. **ACEPTE.** *Lo que escribió es lo que escribe. Los ángeles lo guían, pero tendrá la impresión de que usted es el creador de lo hecho. <u>Quizá siempre sienta que usted lo hizo</u>. La aceptación es la parte más importante.*

6. **CONOCIMIENTO INTERNO.** *Habrá una ausencia de ego en todo. No tendrá que "pensar" al respecto, o "planear" como lo hace sobre un papel. Simplemente viene. Se dará cuenta de que no recuerda nada acabando de escribirlo. Siempre parece fresco.*

7. **CONFIE.** *Lo que los ángeles le dicen es la mejor información que tienen en el momento de recibirla. Los ángeles no manejarán su vida. Se trata solamente de una guía para acompañarlo y para enseñarle habilidades que necesitará a lo largo de la vida. Son <u>regalos</u> espirituales. No necesita hacer nada para conseguirlos. Recibirá más a medida que progrese. No busque afinar detalles. Una voluntad libre y momentos distintos crean diferentes patrones, similares a las corrientes del océano. Es*

posible predecir su dirección, pero no es posible
controlar o predecir sus movimientos con certeza.

Los ángeles siempre buscan su bienestar más alto. Siéntase libre para preguntar y, si lo desea, pregunte el nombre del ángel que les escribe. Todos tenemos un Angel de la Guarda, pero también existen muchos ángeles que llegarán a usted a medida que necesite ayuda o atención específicas. Espere diferentes personalidades, energías, intereses y niveles de conocimiento. Algunos ángeles son extremadamente sabios e inteligentes. Otros llegan para traerle alegría y amor. Hay ángeles para cada necesidad.

La historia de Linda H.

Me encontraba en Colorado, en una situación que requería un cambio ¡inmediato! Creo en la ayuda que pueden brindar los ángeles, pero necesitaba resultados inmediatos. Leí en *Hablando con Su Angel de la Guarda*, "pregunta y sé específica", así que fui específica. Esto es algo de lo que sucedió:

1. Escribí: "Angeles del empleo", necesito un trabajo en Ohio, que me permita estar cerca de mis hijos, con una ubicación y un salario perfectos". Una semana más tarde, ahí estaba.

2. Escribí: "Angeles de las casas en renta", necesito una casa bien ubicada, que sea adecuada para tener mascotas, con disponibilidad inmediata, al precio más bajo posible". En cinco días, tenía una linda casa duplex, a diez minutos de mi trabajo.

3. Escribí: "Angeles de las mudanzas", necesito una mudanza, *¡de inmediato y a precio muy razonable!* Me pusieron en contacto con una compañía independiente, propiedad de un hombre llamado Mike. Con sólo una semana de aviso, la compañía de Mike movió todas mis pertenencias de Colorado a Ohio. Mi jefe pagó los cargos y me dejó pagarle por deducción de nómina.

4. Escribí: "Angeles de los permisos para circular del estado" ¡Ayúdenme! No disponía de 250 dólares para pagar la tenecia del coche. Un hombre muy servicial de la oficina de permisos escuchó mi historia, me dio el número telefónico de otra persona y dijo: "Llame a este hombre. El siempre ayuda a los demás a

resolver sus problemas". Al día siguiente, un oficial de alto rango de la policía del estado me llamó y me prestó (sin conocerme) el dinero para los impuestos.

¡Gracias ángeles! Y gracias a ustedes, Bárbara y Trudy, por toda su ayuda. Que todos los angeles de los grandes libros estén con ustedes.

＊—＝◆＝—＊

Hay muchos maestros divinos asignados por Dios para trabajar con uno, además de los ángeles, arcángeles y ángeles de la guarda. A algunos se les conoce como maestros o guías espirituales, que alguna vez vivieron en la tierra pero ahora han regresado en espíritu y han aceptado su deber de curar, enseñar y ayudar a aquellos de nosotros que todavía habitamos la Tierra. Nos referimos a todos esos seres espirituales que pudieron haberse manifestado en una comunicación como ángeles, aunque técnicamente hablando muchos reservan el término ángeles exclusivamente para seres divinos que nunca han encarnado un "cuerpo". Si uno no pregunta qué tipo de ser es el que habla a través de la forma de "dictado automático", se quedará sin saberlo. Simplemente considere que el ser más alto que puede haber para ese mensaje es el que lo está dando.

También puede encontrar que alguien a quien

usted conocía o amaba, o alguien que ha muerto, puede acercársele en una forma amorosa. Usted puede experimentar ésto a través de un mensaje muy claro, un sentimiento de presencia, una fragancia, o quizá hasta un toque en su mejilla u hombro. Esposas, abuelos, padres y amigos pueden acercarse.

Nadie es demasiado joven o viejo como para no contactar a sus ángeles en busca de sus mensajes de amor y apoyo. Una de nuestras estudiantes introdujo el tema de los ángeles en una reunión de familia.

LA HISTORIA DE LIZ

Cuando fui a casa, a visitar a mi familia, me llevé mi libreta de notas de ángeles para compartir sus mensajes con ellos. Todos querían escribirles a sus propios ángeles, así que les enseñé los principios básicos en *Hablando con Su Angel de la Guarda*. Eramos un grupo muy diverso, desde el ser más viejo que era mi padre, de ochenta y seis años, hasta mi sobrino, de doce. Luego de decir una oración, todos empezamos a escribir. Me dio la impresión de que mi padre y mi hermano "planeaban" qué escribir, y así no obtendrían nada, pero al leer su primer mensaje, dejaban escapar lágrimas a medida que decían las hermosas palabras que habían recibido. ¡Estaba sorprendida!

El mensaje del ángel de mi sobrino fue particularmente ilustrativo. Leyó: "No dejes que los bravucones de la escuela te pongan nervioso". Su madre, que también estaba ahí, preguntó: "¿Qué bravucones?". ¡No tenía idea de que su hijo era atormentado en la escuela!

La experiencia completa nos hizo experimentar una gran comprensión entre nosotros. Siempre me sorprenden los mensajes y lo simple que es "recibirlos". Siento que mis mejores amigos están conmigo, siempre listos a servir de amoroso soporte, con una luz que ilumina suavemente mi camino, para que pueda seguir caminando y ¡ayude a otros a caminar! Todos se benefician al "hablar con los ángeles".

––––– ◄═♦═► –––––

UN MENSAJE DE LOS ANGELES

Pequeños nuestros:

Siempre estamos con ustedes, pero podemos ayudarles mejor cuando nos piden cosas específicas en las que necesitan ayuda. Si se preguntan cómo dar el siguiente paso para avanzar en su camino espiritual, o para encontrar su sendero espiritual, solamente podemos aconsejarles ésto: Hablen con nosotros. Hablen con nosotros. Hablen con nosotros. Escuchamos y responderemos. Créanlo.

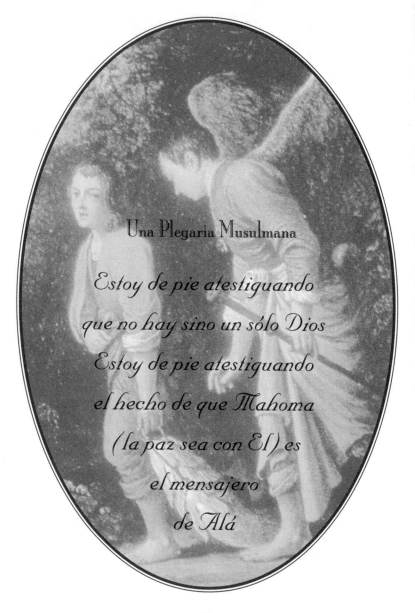

Una Plegaria Musulmana

Estoy de pie atestiguando

que no hay sino un sólo Dios

Estoy de pie atestiguando

el hecho de que Mahoma

(la paz sea con El) es

el mensajero

de Alá

Usted, Dios y Sus Angeles

El enseñarle a la gente cómo hablar con sus ángeles fue fácil. Durante nuestras clases, nos dimos cuenta que, una vez que los estudiantes han aprendido a abrirles las puertas a sus ángeles, necesitaban aprender cómo relacionarse con los ángeles de una manera que fuera fácil de comprender. ¿Ahora, qué tenían que hacer con sus nuevos amigos angélicos? ¿Cómo podrían trabajar juntos?

Para ayudarnos a enseñarles, los ángeles nos enseñaron *Los Cuatro Principios:* Pedir, Tener Fe, Permitir que Suceda, y Agradecer. Al inicio pensamos que *Los Cuatro Principios* eran un simple método para pedirle a los ángeles su ayuda, en caso necesario. No nos interesaba pedir cosas más allá de encontrar un lugar en el estacionamiento, obtener unas cuantas posesiones materiales o recuperar algún objeto perdido. Sin embargo, estas cuatro pequeñas reglas se han convertido en la base de nuestra vida espiritual. No sólo nos han enseñado cómo conectarnos con el reino divino, sino cómo ser más felices y sentir mayor paz y seguridad en cada uno de los aspectos de nuestras vidas.

Hemos aprendido a usar el Pedir, Tener Fe, Permitir que Suceda, y Agradecer, para solicitar ayuda en cualquier cosa que deseamos ser, hacer o tener. A continuación les explicamos *Los Cuatro Principios* y cómo nos han indicado los ángeles que deben usarse.

Los Cuatro Principios

1. **PIDA**, y sea específico en su petición. El pedir invita a los ángeles a que se acerquen y así aclara qué es lo que quiere que hagan.
2. **TENGA FE**, y confíe en que si lo que está pidiendo es lo correcto para usted, entonces sucederá.
3. **PERMITA QUE SUCEDA**, deje que los ángeles hagan su trabajo. Espere resultados positivos.

4. **AGRADEZCA**, complete la comunicación con palabras de agradecimiento.

Su Vida y Usted

Quizá llegue un punto de su vida en el que se pregunte: "Y ahora, ¿qué?" Quizá está convertido en un buscador, sin realmente saber qué es lo que está buscando. Quizá pueda sentir que se aproxima un cambio, sin saber específicamente qué es lo que necesita cambiar. Quizá pueda comenzar a reconocer que sus pensamientos y sentimientos están dominados por la creencia de que hay "algo" allá afuera esperando a que usted lo haga, pero no sabe qué es ni cómo encontrarlo, y teme que se pueda perder de ese "algo" importante, ¡sin siquiera saber qué fue lo que se perdió!

Nuestra tarea principal como seres humanos es mantener nuestro equilibrio, mantenernos concentrados en lo que es realmente importante, mientras sorteamos todas las presiones físicas, emocionales y hasta espirituales a las que nos enfrentamos. Nuestras vidas están diseñadas para funcionar mejor como un triángulo equilátero: un triángulo con tres lados iguales y ángulos idénticos. La geometría del triángulo equilátero le da gran fuerza. Imagínese que su vida es un triángulo equilátero. Uno de los lados es el **cuerpo**, otro lado es la **mente**, y el último es el **espíritu**. Si acorta o reduce uno de los lados, el triángulo pierde integridad estructural.

¿Por qué es tan importante la estabilidad entre el cuerpo, la mente y el espíritu? Necesitamos de un cierto equilibrio para que en las actividades diarias de nuestras vidas los puntos altos no sean tan altos y los bajos no sean tan bajos. La forma como miramos la vida es lo que le da un matiz a la comprensión de los mensajes que recibimos.

Los ángeles se comunican de niveles muy altos. Mientras más pensamientos positivos y de amor tengamos, más fácil se nos hará la vida. Cuando escogemos mantener nuestros pensamientos a niveles bajos, experimentamos innecesariamente luchas internas a diario, peor aún, se nos puede escapar el propósito primordial de la vida.

Bárbara comenta cómo solía despertarse en las mañanas con la sensación de que tenía una "bola" encima, y entre más se despertaba mayor era su temor. Para cuando estaba totalmente despierta, la bola ya había penetrado su pecho y sabía que tenía que respirar y pasar saliva con todo y la bola durante todo el día. El temor se apoderó de ella a tal grado, que lo llegó a sentir físicamente.

Por el contrario, Trudy llevaba su temor en el estómago, como si fuera una protuberancia nauseabunda. Trató de eliminar esa protuberancia corriendo todo el día de un lado para otro. Pensó que entre mejor hiciera todas sus tareas diarias podría deshacerse con mayor facilidad de esa horrorosa protuberancia. Trudy intentó tomar el control de todo, pensó que se sentiría mejor entre mayor control tuviera sobre los distintos eventos y sobre la gente que la rodeaba. Corría todo el día, perfeccionando cada tarea y controlando todas las tentaciones, sólo para caer exhausta en la cama; dormía profundamente y se despertaba siempre con la protuberancia presente. Trudy se convirtió en una "hacedora de cosas" más que en un ser humano.

Hoy nuestras vidas ya no están dominadas por el miedo. El día es el día y los eventos son lo que pasa a lo largo del día. Los días no son ni buenos ni malos. El día simplemente ES. Cada uno presenta una nueva perspectiva, no un nuevo "marcador" en el que se registra un triunfo o una derrota. Creemos que el sueño es un regalo divino que nos brinda la oportunidad de comenzar con nuevos bríos cada veinticuatro horas.

El orden usual de las palabras "cuerpo", "mente"

y "espíritu" indica en dónde están las prioridades de la gente: Primero el cuerpo, después la mente y al final el espíritu. ¿Será que hemos estado viviendo nuestras vidas en sentido inverso, dándole al cuerpo y a la mente máxima prioridad sobre el espíritu? Hágase esta pregunta: ¿Soy una persona física que tiene una experiencia espiritual e intelectual, o soy un ser espiritual con una experiencia física?

Desde que nacemos, en el hospital nos vemos rodeados físicamente de la familia y los amigos. Nuestro cuerpo es nuestra parte más obvia. Lo alimentamos, lo consentimos, hacemos ejercicio, lo decoramos y criticamos, y gastamos grandes cantidades de dinero tratando de mejorarlo.

Ya de adultos, empezamos a enfocar en nuestra mente. No sólo buscamos conocimiento de todas clases y habilidades necesarias para mantener un empleo, sino que también comenzamos a buscar "paz interior". Leemos libros que están más al día, tratamos nuevas formas de meditación y escuchamos cintas. Creemos que si mantenemos nuestro cuerpo en buena condición física y nuestra mente en una actitud correcta, podremos obtener paz interior.

Este es el verdadero enigma. Al trabajar sólo en nuestros cuerpos y mentes para buscar la perfec-

ción y la llamada "paz mental", la felicidad se hace cada vez más evasiva, ya que vamos perdiendo el equilibrio y estamos cada vez más lejos del estado que estamos buscando.

Nuestro lado espiritual es el área de nuestra vida que cuidamos menos, y sin embargo es la más importante. Si nuestro espíritu está sano, si nos amamos a nosotros mismos y si amamos a Dios, entonces también amaremos nuestras mentes y cuerpos. El espíritu es, en realidad, nuestra prioridad máxima, y sólo cuando lleguemos a aceptar ésto nuestras actitudes hacia la mente y el cuerpo también serán saludables, y actuarán en el lugar indicado sin esfuerzo alguno.

En otras palabras, nuestras vidas están diseñadas para que se desarrollen de manera tridimensional: espíritu, cuerpo, mente, y somos responsables de mantener ese equilibrio.

Este capítulo habla de cómo podemos fortalecer el lado espiritual del triángulo. Cuando nos concentramos en nuestro cuerpo o mente, nos preocupa el cómo nos vemos o en dónde estamos en comparación con otros. El concentrarnos en nuestro espíritu implica el saber cómo nos relacionamos *¡con nosotros mismos!*

En cada clase, o durante casi cada una de las citas particulares, nos preguntan: "¿Qué se supone que debo hacer con mi vida?" o, "¿Cuál es mi camino?". Los bienes materiales y los logros no parecen ser suficientes. La gente no está satisfecha y quiere saber qué le falta.

Cuando comenzamos a hacernos este tipo de preguntas en relación con nuestra vida espiritual, y después buscamos verdaderas respuestas a tales preguntas, los conflictos son inevitables. Aceptémoslo, la mayoría de nosotros tiene "lados" espirituales sin desarrollar. No hemos invertido ni tiempo ni energía en esta área. Buscamos la comprensión espiritual y queremos conocer mejor a Dios, pero nuestra experiencia anterior con Dios ha sido, seguramente, insatisfactoria. Ahora nos damos cuenta que primero tenemos que resolver nuestra confusa y cuestionable relación con El.

Su Vida y Dios

Trudy describe lo que le sucedió hace poco con una clase, particularmente escéptica. Los estudiantes hacían infinidad de preguntas en relación con *Los Cuatro Principios*. "Finalmente, les pedí que escribieran tres razones por las cuales pensaban que era difícil utilizar éstos principios que nosotras habíamos encontrado extremadamente útiles. Me sorprendió el darme cuenta de que mi sencilla pregunta originó una gran discusión sobre el por qué no creían que Dios respondiera a sus oraciones". Juntas, con las respuestas de otros en muchas clases, descubrimos algunas creencias increíbles y opiniones sorprendentes que impedían a los estudiantes aceptar lo que Dios podía hacer por ellos.

Comenzamos a preguntarles a los miembros de cada clase diferentes preguntas. Primero: "¿Te parece difícil utilizar *Los Cuatro Principios*? Si la respuesta es afirmativa, ¿por qué?". Descubrimos que casi todos los miembros de la clase se sentían desconfiados de tener algún contacto con Dios.

La segunda pregunta fue: "¿Por qué no le puedes pedir a Dios que te ayude?". La respuesta fue extraordinaria, y se resume en una frase de cuatro palabras, escrita por uno de los estudiantes: "¡No me lo merezco!". Algunos mantenían una relación firme y madura con Dios, pero por increíble que parezca, un gran número pensaba que Dios y sus ángeles podían trabajar para *otros*, pero ¡definitivamente no para ellos!

Nos fue difícil hacer que la gente acudiera a Dios pidiendo ayuda. La mayoría no se sentía digna de recibir los regalos de Dios y sus ángeles.

Existía un pensamiento recurrente que suponía que lo que tenías en esta vida, *ahora*, es lo que tendrías siempre. Algunos estudiantes se sentían apenados al pedir algo para sí y se sentían temerosos de que si recibían algún regalo hicieran mal uso de él. Otros temían que Dios utilizara un "registro" de regalos. ¡Si te daba algo, más valía que lo usaras correctamente!

Descubrimos que la gente creía en Dios, pero ¡no creían que Dios creía en ellos! Algunos

incluso temían que Dios se percatara de su existencia. Vivían con temor, creyendo que era mejor mantenerse a un nivel inferior, porque quizá así Dios no los molestaría con nada, ¡bueno o malo!

Dios ha recibido tanta mala publicidad, que no es de extrañarse que tanta gente le tenga miedo. Desde la infancia nos han enseñado a temerle. Nos han dicho que está enojado y que somos pecadores, y que como pecadores no somos dignos de El. Más aun, Dios castigó a los "pecadores". Sacó a Adán y a Eva del Jardín del Edén por cometer un error. A pesar de los buenos y nobles esfuerzos de la religión, cuando nos han enseñado a honrar a Dios también nos han enseñado a temerle.

Bryan J. comenta: "Cuando era niño y veía como le sucedían cosas terribles a las personas me decían: 'Dios opera de maneras extrañas. No podemos cuestionar la voluntad de Dios'. Todos parecían culpar a Dios por las catástrofes. Pero después, cuando ya como adulto compré un boleto de veinticinco centavos para la rifa de un auto y me lo saqué, todos me decían: 'Vaya, ¡qué suerte tienes!' Me parecía que a Dios siempre se le culpaba por lo malo pero nunca se le daba crédito por lo bueno".

De cuando en cuando alguien nos dice: "Dios te ama como un padre", sin pensar que muy pocos han tenido padres modelo. Con todo y lo que amamos a nuestro padre, ciertamente no era como Dios.

Nuestras investigaciones al respecto, evidenciaron una gran desconfianza hacia cualquier aspecto divino que beneficiara a alguien en forma personal. Descubrimos que la gente conservaba sus valores de la niñez y los compenetraba a su sistema de creencias como adulto. Una mujer nos dijo que pensaba que Dios era como la máxima autoridad paterna y se moría de miedo al pensar en lo que El podría hacer. Al final, descubrimos siete razones diferentes por las que la gente no se puede relacionar correctamente con Dios, razones que estaban enraizadas hasta el fondo. Conforme las vaya leyendo, pregúntese cuáles son las creencias que usted tiene al respecto.

Por Qué la Gente No Le Pide Ayuda a Dios

- Me enseñaron que pedir algo para mí era ser egoísta.
- Quizá me den lo que pido, pero después tengo que saber "manejarlo".
- Tal vez me equivoque al orar, o pida algo equivocado de la manera equivocada.

- ¡La oración no me funcionó antes! Dios no me escucha.
- Las cosas materiales son malas. Los ricos no entran en el cielo.
- Si recibo cosas "buenas" también tendré que aceptar las "malas".
- No merezco nada.

Nuestros ángeles nos dicen que Dios tiene un plan para nosotros y que mientras estemos aquí en la Tierra transitamos por un camino trazado hacia el descubrimiento. Sin embargo, encontramos que muy pocos se consideran parte de un proceso divino. Muchos piensan: "Dios está allá, en alguna parte, y yo estoy aquí, totalmente insignificante y olvidado".

Les ayudamos a nuestros estudiantes a darse cuenta que los ángeles sólo hacen la voluntad de Dios, y que Dios es verdaderamente amoroso y cariñoso. *Ambos*, Dios y los ángeles son parte del proceso espiritual de una persona, y encajan mutuamente. Cuando la mayoría de la gente se da cuenta que están abriendo su "puerta" a la espiritualidad, y que eso incluye el conocer a Dios, experimentan el principio del crecimiento espiritual que han añorado tanto, y su lado espiritual comienza a crecer rápidamente.

Para muchos, el tercer lado del triángulo, el espíritu, era un enorme vacío. A nuestras clases llegaban todos estos buscadores y ni siquiera creían que eran parte del plan de Dios. Nuestro reto era ayudarles a reconectarse con Dios y a sanar su relación con El para que pudieran crecer.

Lo único que queríamos hacer era enseñarle a la gente cómo comunicarse con sus ángeles, y ahora penetrábamos en todo un nuevo terreno relacionado con el concepto de Dios. El vivir una vida espiritual significa algo más que escribirle a los ángeles y recibir sus respuestas. También significó el tener que aprender a comprender la información obtenida. Para todos nosotros ese fue el momento de analizar nuestras convicciones, para poder descubrir cómo se relacionan con nuestras experiencias personales. Lo quisiéramos o no, íbamos a tener la oportunidad de trabajar en nuestro equilibrio, en experimentar la fuerza estructural del triángulo equilátero, equilibrando el cuerpo, la mente, y ahora el espíritu.

Su Vida y los Angeles

¡Gracias, Dios mio, por los ángeles! A través del reino angelical nos hemos podido acercar a lo que en alguna ocasión fue un Dios temeroso, que ahora comenzamos a ver por primera vez como alguien bueno. ¡Los ángeles se expresan tan bien de Dios! Nos dicen cuánto nos quiere, cómo nos ayuda y cómo debemos pedir lo que necesitamos de El. Constantemente nos están enseñando cómo relacionarnos con Dios.

Creemos que una de las razones por las cuales Dios envió a los ángeles fue para ayudarnos a acercarnos a El nuevamente, de una manera que pudiéramos comprender y manejar. Podemos reconciliarnos con Dios a través de nuestros ángeles, sin temor a recibir castigo alguno. La inseguridad que sentíamos al relacionarnos con Dios no la sentimos cuando hablamos con nuestros ángeles.

Los ángeles siempre han sido descritos como amorosos, amables y útiles. Sabemos que los ángeles nos llevan a dulces sueños y nos protegen del "coco". Los artistas siempre pintan a los ángeles con rostros hermosos y tranquilos. Sabemos que siempre son portadores de buenas nuevas y que son accesibles y confiables. Por lo general, a Dios se le describe como una figura masculina y severa. Los ángeles generalmente se describen como figuras femeninas y amistosas.

No importa hacia dónde nos lleve nuestro nivel de fe, nuestro deseo interno nos lleva directo a Dios. A pesar del temor que podamos sentir, seguimos aferrándonos a El, no podemos escapar a la atracción que nos produce. Ansiamos reunirnos con El.

Se dice que nuestra alma *es* Dios. Así que si lo negamos, nos negamos a nosotros mismos. Quizá el camino que estamos buscando con tanta ansiedad es el tercer lado del triángulo. Es nuestra propia espiritualidad lo que deseamos encontrar.

LA HISTORIA DE JUDY

He padecido de depresión y fatiga crónicas por más de cuarenta y cuatro años. Los médicos dicen que es un desequilibrio químico del cerebro, pero me produce mucho miedo y frustración el no poder controlar los pensamientos, sentimientos o palabras. Me recetaron *todos* los antidepresivos existentes, pero nada parecía funcionar y comencé a creer que mi familia estaría mejor si yo muriera. Finalmente terminé en un pabellón psiquiátrico. No me apena o avergüenza el haber estado ahí porque era el mejor lugar y el más seguro, pero en ese momento ¡me moría de miedo!

Siempre he tenido mucha fe en Dios y en mis ángeles. Gracias a su ayuda, hoy todavía estoy con vida. Cuando quisé lanzarme con mi auto por un precipicio, escuché: *Realmente tú no deseas hacer esto*, y respondí: "¡Sí quiero! ¡Quiero acabar con mi sufrimiento!"

Las cosas fueron muy duras durante mucho tiempo. Mi esposo estuvo inválido durante muchos años. Tenía dos hijos a los que tenía que educar (uno de ellos con una incapacidad para el aprendizaje). Tenía problemas con mi hija, problemas con la casera, problemas con el auto, problemas financieros, y así sucesivamente. Trabajé en la

misma empresa durante catorce años, y cuando me liquidaron, yo era el principal sostén económico de la casa. Me pregunté: "Y ahora, ¿qué?"

Bueno, ¿adivenen qué? Tuve un colapso nervioso. Justo esto era lo que me tenía que suceder para que dejara de hacer lo que estaba haciendo. Finalmente tuve que dejar de manejar mi propia vida y le pedí a Dios que me ayudara. El me condujo con varios maestros maravillosos a quienes yo les llamo "mis ángeles terrestres" porque me amaron hasta que fui capaz de amarme a mi misma nuevamente.

Sabía que necesitaba una cura, y finalmente me convertí en curandera. Tomé clases para aprender técnicas de curación, aprendí cómo curarme a mí misma, y cuando lo hice, permití que la alegría fuera parte de mi vida. Nunca pensé que yo era digna de gozar de buena salud, felicidad o abundancia, así que no tenía nada de ello. Hoy, creo que soy digna de toda la bondad que Dios me puede ofrecer y ahora la tengo.

Todavía me enfrento a retos que habrá que superar y lecciones que aprender, pero sé que mis ángeles siempre están conmigo y me brindan su amor incondicional. Gracias a su guía, sé que tengo una misión en la vida y sé cuál es esa misión. La curandera ha sanado.

Permítame brindarle un consejo: haga lo que sea necesario para ayudarse a sí mismo. Pero sobre todo, *Pídale* a los ángeles que le ayuden. *Tenga Fe* en que lo están ayudando y seguirán ayudándole. *Permita que Suceda*, usted no tiene que hacerlo por sí solo. Y después, diga *Gracias* por su amor, aun cuando en ese momento no sienta su ayuda. Están ahí para usted, pero tiene que invitarlos a su corazón y a su vida.

Queridos hijos de Dios:

Dios es Equilibrio y Ley. Las leyes del universo restauran el equilibrio cuando ha ocurrido alguna falla y también equilibran todo aquello que siempre ha estado desequilibrado. Cada uno de ustedes, al momento de nacer, fue equilibrado. Cuando eran bebés, tenían necesidades de alimento, sueño y aseo. Requerían de un equilibrio en el cuerpo. Al poco tiempo aprendieron acerca del mundo en el que viven y su mente se comenzó a involucrar y tuvieron necesidad de un equilibrio mental. ¿En qué momento aprendieron respecto al equilibrio espiritual? Pequeños, siempre lo han sabido. Todo lo que están haciendo ahora es tratar de recordar. Nosotros les ayudaremos.

Una Oración Hindú

O seres divinos

de los tres mundos

Meditamos sobre el esplendor

glorioso del vivificador divino.

Qué El ilumine

nuestras mentes.

Capítulo 3

Cómo Eliminar las Barreras

La Libertad a través de Los Cuatro Principios

————

Los Cuatro Principios tienen como propósito ayudarnos en nuestro camino. Sin embargo, en ocasiones también parecen estar rodeados de barreras que impiden el progreso espiritual. Queríamos enseñarles a nuestros estudiantes que estos principios son la *clave* para el progreso. Los ángeles nos dijeron que las barreras desaparecerían cuando aprendiéramos a Pedir, Tener Fe, Permitir que Suceda y Agradecer, y así nos podríamos concentrar más en lo que queremos.

Cómo Aprender a Pedir

Pedir significa, simplemente, decirles a los ángeles lo que se quiere ser, hacer, o tener. Después, tenemos que pedir su ayuda para recibir nuestra petición, sin complicarla. Es fácil pedir cosas sencillas. Es fácil creer que merecemos un buen lugar en el estacionamiento. Pero cuando pedimos algo que consideramos caro, difícil o incluso imposible, nuestro viejo sistema de creencias nos domina, sale a flote nuestro sentimiento de indignidad, y nos sentimos estancados y llenos de dudas. Le preguntamos a los ángeles: "¿Cómo podemos resolver este dilema?" Ahora le diremos lo que nos enseñaron:

Primero, existen tres categorías principales para Pedir lo que se desea:

1. **Ser.** Pedir ayuda para alcanzar una meta personal: "Queridos ángeles, por favor ayúdenme a ser más honesto".
2. **Hacer.** Pedir ayuda en alguna actividad: "Queridos ángeles, por favor ayúdenme para poder entrar a la escuela de medicina".

3. **Tener.** Pedir ayuda para un evento o suceso en particular. "Por favor, ayúdenme a encontrar un departamento nuevo".

Segundo, sea específico respecto a lo que quiera ser, hacer o tener. Escriba su petición o dígala en voz alta. Visualícela. Experimente el recibirla y disfrutarla. Fórmese una clara idea mental, y piense que su petición ha sido cumplida. Aquí es cuando tiene que ser tan claro como le sea posible, no sólo respecto a lo que está pidiendo, sino en serlo, hacerlo y tenerlo. Actúe como si ya estuviera cumplido.

Los Retos al Pedir

Si cree que no es digno de merecer algo que ha pedido, o que Dios no lo quiere o no lo escucha, le será difícil pedir lo que necesita o desea, y le será todavía más difícil suponer que lo va a recibir. Será difícil pero no imposible. Hágalo. El pedir no es una cuestión personal. Se trata de abrirse a la bondad que Dios tiene reservada para usted.

El Pedir trae cambios. Muchos le tememos al cambio, aun cuando lo buscamos por todas partes. Queremos un mejor empleo, pero no queremos dejar el que tenemos. Detestamos nuestra relación,

pero no deseamos estar solos, ni siquiera por un momento. No soportamos nuestra casa, pero es demasiado confortable como para mudarnos. No se puede tenerlo todo. Si nada cambia, nada cambia.

<small>Preguntas de los estudiantes con respuestas de los angeles:</small>

P: Yo supongo que Dios y los ángeles saben lo que quiero, y qué es lo mejor para mí.

El pedir es invitar a los ángeles a trabajar para tí. A menos que pidas, no podemos ayudar. Posees el libre albedrío para tomar tus decisiones. Nosotros no sabemos cuál ha sido tu elección, a menos que nos lo digas.

P: Me siento egoísta cuando pido cosas materiales.

Pídelas de cualquier manera. El que te quieras consentir de cuando en cuando no significa que seas egoísta o descortés. Si no pides cosas para ti, nunca sabrás lo buenos que somos y cuánto te queremos.

Cómo Aprender a Tener Fe

Bajo la guía de Dios los ángeles le darán lo que pida, si es para su bien. Sus ángeles no le darán regalos que le causen daño. Tenga fe, piense que lo que ha pedido ya le pertenece. Después tenga fe en que Dios, a través de Sus ángeles, se lo dará, y que usted es digno de recibir lo que ha pedido.

Algunas Barreras ante la Fe

Una vez que se ha pedido con fe, como si su petición ya hubiera sido concedida, *no* existen las barreras. Las dudas surgirán únicamente de sus propias ideas respecto a su persona, o de sus creencias limitadas. Su autoestima afectará su habilidad para creer. Por ejemplo, si usted no cree ser digno de recibir lo que ha pedido, es muy probable que no lo reciba. La Biblia nos dice: "*No lo tienes porque no lo pides*". No tenemos lo que deseamos simplemente porque ¡no lo pedimos! Nuestra autoestima no tiene nada que ver ni con nuestra petición ni con recibir lo que hemos pedido. Pero, desafortunadamente, la autoestima devaluada a menudo inhibe nuestra capacidad de pedir, y lo que es peor, afecta nuestra capacidad de creer que lo podemos recibir. Ni el Pedir ni el Tener Fe se trata de una cuestión personal, sino de lo que Dios tiene para ofrecerle.

Diferentes peticiones implican valores diferentes. Por ejemplo, si valora su trabajo será capaz de pedir con facilidad una promoción, y creerá que se la otorgarán. Sin embargo, al mismo tiempo quizá no valore el hecho de tener un auto nuevo y se sienta a disgusto o indigno de poseer un automóvil de lujo. El Pedir y el Tener Fe son acciones independientes, fundamentales. Ambas son parte del plan divino a través del cual Dios ve por nosotros. La autoestima es el factor decisivo en cuanto a lo que somos capaces de pedir y lo que creemos poder recibir.

Una de nuestras más queridas y cercanas amigas es una mujer de negocios muy profesional y con gran poder, capaz de negociar con su puesto en cualquier ámbito de los negocios. Sin embargo, en su relación personal es incapaz de pedir y recibir cualquier tipo de respeto de parte de su compañero. Esta persona tiene una buena autoestima en el mundo de los negocios, equilibrada por un nivel muy bajo de autoestima en las relaciones amorosas. Estas dicotomías son comunes.

El Pedir implica tener esperanza. El Tener Fe implica confianza. Al combinar ambos elementos puede demostrarse la confianza que se tiene en la bondad de Dios. Entonces se puede permitir recibir cualquier regalo de Dios.

La historia de Judith

Los ángeles hacen que la vida sea más segura y divertida. Solía ponerlos a prueba y buscar señales externas para demostrar su existencia. Quería asegurarme de que, por un lado, no estaba: 1. loca, 2. engañándome ó 3. hablando sola. El problema es que no confiaba en mi capacidad.

El libro *To Hear the Angels Sing*, de Dorothy Maclean, me impactó mucho y me ayudó a abrirme a la idea de que yo podía "escuchar" a los ángeles de las plantas y otras criaturas. En casa tenía un jardín de plantas verdes al cual no le iba muy bien en el clima de Texas. Estaba a punto de tirar a la basura una consuelda que parecía estar muerta, cuando escuché a mi ángel decir: "Toma una franela mojada y ponla encima de la planta. Déjala ahí". Me sentí tonta al hacerlo, pero tres días después, cuando levanté la franela, vi cómo comenzaba retoñar una pequeña hoja verde. La planta no murió. Comencé a confiar en los mensajes que recibía.

En una ocasión mi automóvil se averió y me quedé atorada bastante lejos de casa. Le llamé a un amigo que es un excelente mecánico, pero no supo cuál era la falla. Los ángeles me mostraron que había un pequeño alambre dentro del motor que se había dañado y había ocasionado una baja en el sistema eléctrico. Cuando finalmente me atreví a decirle al mecánico lo que me dijeron los ángeles, pudo reparar el automóvil con un pequeño pedazo de cinta aislante.

Ahora que lo pienso, me doy cuenta que éstas no fueron lecciones acerca de una planta muerta o un vehículo averiado. Necesitaba aprender a confiar en mi "conocimiento" y en mis ángeles. En ocasiones, me siento como una tonta al hacer algunas de las cosas que "me dicen", pero entonces me acuerdo que mi vida no está fuera de control, simplemente está fuera de *mi control*, ¡lo cual es maravilloso!

Las creencias de su familia, van a influir en sus propias creencias. Si su familia creía que el ser relativamente pobre implicaba cierta espiritualidad y que el tener una gran riqueza era algo pecaminoso, puede que usted también lleve parte de esa "carga" de creencias. Lo que nos enseñaron durante nuestra infancia es en ocasiones parte de lo que nos limita como adultos. Ahora usted ya es un adulto. ¡Atrévase a ser intrépido y extravagante! Practique el pedir cosas que están fuera de su zona usual de confort.

La gente dice: "Lo creeré cuando lo vea".

Los ángeles dicen: "Lo verás cuando lo creas".

P: No puedo creer que los ángeles se quieran comunicar conmigo.

Tú tienes tanto valor como cualquier otro ser en el universo de Dios. Te daremos lo que es bueno para ti. Siempre estamos contigo.

P: El tener fe está bien para otros. Pero yo me siento bloqueado y simplemente no puedo tener fe.

No tengas miedo. Dios nunca te pediría que cambiaras o siguieras adelante sin brindarte Su apoyo. Nunca estarás solo en una época de cambio o crecimiento. ¿Quieres poder desbloquearte y saber que siempre estamos contigo? Puedes ir más allá de tu zona de confort. Eso es lo que nosotros llamamos crecimiento.

Cómo Permitir que Suceda

Permita que aquello que ha pedido llegue, y tenga fe en que lo recibirá. Manténgase abierto, receptivo y paciente. No interfiera. Deje de controlar el resultado. Confíe en los métodos divinos. Están sucediendo cosas maravillosas que usted desconoce y todavía falta lo mejor.

Cómo Desarrollar la Paciencia

Nos han enseñado que, si queremos resultados, tenemos que hacer algo. No es una característica propia de los humanos el permitir que sucedan las cosas en el momento propio. Cuando los seres divinos le ayudan usted no necesita preocuparse por hacer algo para acelerar el proceso. No trate de componer o manipular el resultado. No es necesario seguir pidiendo, orando o suplicando. Permita que suceda. Permita que suceda. Permita que suceda. Quédese tranquilo y sepa que Dios ya recibió su petición y está trabajando en ello. No se le ha olvidado.

Preguntas de estudiantes con respuestas de los angeles:

P: No puedo cederle mi poder a nadie, ni siquiera a mis ángeles.

Querido, el poder al que te aferras con tanta pasión no es más que terquedad proveniente de una

71

necesidad de creer en ti mismo. El desapegarte no es ceder tu poder, es confiar en el Dios del universo para que trabaje en tu problema. Lo primero que hay que hacer es pedir. Sigue pidiendo ayuda para poder pedir.

P: Me tengo que ganar lo que pido.

Dios no cobra la cuenta. Si necesitas pagar por lo que Dios te da, entonces alimenta a aquellos que tienen hambre, besa a un niño, lava la ropa de tu familia. Puedes dar cosas sencillas, ¿pero por qué? El amor no pide nada a cambio.

P: Temo que mi vida cambiará drásticamente si utilizo estos principios.

El desapegarte y permitir que Dios actúe es una forma de Permitir que Suceda. Estás buscando el significado de tu vida, y en lugar de permitir que llegue a ti estás creando toda una confusión, buscando por aquí y por allá lo que está justo frente a ti. Quédate tranquilo. Dios te dará todo lo que necesitas o deseas si Permites que Suceda.

Cómo Aprender a Agradecer

Todo lo que Dios espera de usted por cada una de sus peticiones es un "gracias". Nada más. Cuando dice "gracias", los ángeles están junto a usted y puede percatarse de la bondad en todas partes. Así permanece en contacto con la fuente de todo lo que necesitará y de todo lo que recibirá.

Cómo Desarrollar la Gratitud

Si se siente apático, temeroso o enojado, una lista de gratitud le ayudará a ver la belleza de este mundo. Cada noche, justo antes de que se vaya a la cama, haga una lista de las cosas que hayan sucedido durante el día y por las cuales se siente agradecido. La única regla es: trate de incluir en la lista cuando menos cinco cosas. Puede sentirse agradecido por la llamada de un viejo amigo, por haber visto un bello atardecer, por haber disfrutado de la sonrisa de un niño, por haber encontrado una buena oferta en un almacén, o por haber sacado un siete en una prueba en la que pensaba que le iba a ir peor. Es divertido encontrarnos con los regalos inesperados que Dios nos tiene día a día.

Pronto, descubrirá que está viendo el mundo a través de otros ojos. Comenzará a *buscar* cosas por las cuales sentirse agradecido. Dejará de ser tan egoísta y se percatará más de las cosas buenas en su vida. Comenzará a verse como parte de un plan mayor, como parte del mundo de Dios.

Preguntas de estudiantes con respuestas de los angeles:

P: Me siento terrible porque obtuve lo que pedí y después ya no lo quise.

Esa es una señal de tu crecimiento espiritual. Ya no necesitas lo que creiste necesitar en un momento dado porque has progresado espiritualmente. Los obsequios nunca se desperdician, terminarán en el lugar adecuado.

P: Si hago todo ésto, quizá obtenga demasiadas cosas buenas.

¡Fantástico! Entonces le puedes dar tu excedente a aquellos que no tienen nada. Asegúrate de pedir mucho y pide tener la fuerza necesaria para dar en donde se necesita. Entonces, estarás trabajando para Dios. Si pides, tienes fe, permites que suceda, y agradeces, seguro recibirás lo que deseas. Si recibes "demasiadas cosas buenas" significa que entonces Los Cuatro Principios *han funcionado. ¡Transmítelos! No decidas por Dios lo que es demasiado.*

Sólo Dios sabe cuánto es demasiado. No existe tal cosa como Demasiado. Sólo existe el miedo a la abundancia.

LA HISTORIA DE KATIE D.

El nombre de mi ángel es KJS, y me dice que muchos ángeles tienen nombre sin vocales. Yo sé que es real por algunas de las cosas que me han sucedido.

Soy una estudiante de doctorado y la adminstradora en una universidad local. A sólo tres meses de terminar mi doctorado, estaba a punto de agotar mis recursos financieros y de inspiración. Necesitaba más tiempo, sobre todo para escribir mi disertación final y más dinero para comprar material de apoyo, bastante caro, para poder finalizar mi trabajo. El departamento de financiamiento había rechazado mis frecuentes solicitudes de dinero. Si le restaba tiempo a mi trabajo para escribir mi disertación, entonces no tendría el ingreso suficiente para sostenerme. Estaba segura de que no cumpliría con la fecha límite. Entonces KJS me dijo que le llamara a las autoras de *Hablando con Su Ángel de la Guarda*. Como soy de California, decidí hablarle a Bárbara. Cuando la localicé, me puse a llorar. Le conté mis frustraciones y cómo todos mis sueños se estaban yendo por el caño. Dijo: "¡Cálmate y deja de desear tu doctorado!" ¿Cómo podría hacer eso? Pero paso a paso me llevó a través del proceso de Pedir, Tener Fe, y Permitir que Suceda. Me enseñó cómo "soltar" todos mis miedos, y después de que lo hice dejé de sentir temor. Dejé de desear el dinero para seguir adelante con todos los costos del proyecto. Dejé de desear tener más tiempo, de querer el material caro que hacía falta, y de querer una impresora para mi computadora. Incluso dejé de desear el tener la aprobación de mi propuesta por parte del consejo que, además, aprobaría mi examen oral.

Cuando comencé a desapegarme y a pedirle a

mis ángeles que me ayudaran, fue como el inicio de una serie de sucesos milagrosos. Todos los que anteriormente habían sido bloqueos, ahora eran puertas abiertas. Le pedí a mi jefe que me autorizara faltar tres días pero *sin descontarme* mi sueldo. ¡Me lo autorizó! Pedí una impresora láser, y en cuestión de unas cuantas horas me prestaron una. Pedí todo lo que necesitaba y todo me fue dado fácilmente. Cuando le dije a mi madre lo bien que iba todo, pero que seguía yo preocupada por el dinero, me dijo: "Yo te puedo prestar lo que necesitas". Me dijo que todavía tenía dinero en mi "cuenta para la educación" que nunca había utilizado. ¡Ni siquiera sabía que tenía dicha cuenta!

KJS me dijo: *Necesitas de muchas señales para demostrarte que en verdad estamos contigo para ayudarte. En ocasiones, nuestro amor llega en forma de regalos. Querida, queremos que tengas éxito y seas feliz.*

Ahora estoy por terminar mi doctorado fácil y rápidamente, sin temor. Incluso voy adelantada. En tan sólo una semana, con la guía angélica, mis barreras se vinieron abajo y ya puedo ver mi doctorado como una realidad. ¡Gracias, KJS!

No se puede exagerar la importancia de Los Cuatro Principios *en tu vida. Si no tienes nada que pedir a manera personal, entonces pide por aquellos que no pueden pedir para sí. Pide por tener la capacidad para alimentar a aquellos que padecen hambre. Pide para encontrar una forma de ayudar a los desamparados. Pide abrigos para que les puedas dar a aquellos que tienen frío. Pide que sanen los niños enfermos. Pide que aquellos que están muriendo tengan una transición en paz. Pide por la paz mundial, pide por ti, para que puedas realizar la voluntad de Dios. Hay mucho por que pedir. Créelo.*

La Oración de la Paz

Dios, concédeme la paz necesaria

Para aceptar las cosas

que no puedo cambiar.

La valentía para cambiar

lo que puedo,

Y la sabiduría

para reconocer

la diferencia.

Capítulo 4

La Oración

Cómo Decidir qué Ser, Hacer o Tener

⚬⚬⚬

En este momento usted ya sabe si tiene problemas para relacionarse con Dios y, por lo tanto, si su desarrollo espiritual se encuentra estancado. Tiene una idea clara de la necesidad de equilibrio en su mente, cuerpo y espíritu. Ahora es momento de pensar en usted y descubrir qué es lo que quiere ser, hacer o tener en su vida.

Nuestros estudiantes aprenden a reconocer las áreas de sus vidas que necesitan mejorar. Las áreas se refieren al comportamiento real, no a las simples opiniones. Al enfocarse en estas áreas se dará cuenta claramente en dónde está inhibiendo su crecimiento espiritual y madurez, y en dónde le hace falta incrementar su autoestima. Una vez que ha identificado las áreas que bloquean su crecimiento, los ángeles le ayudarán a superar cada una de ellas.

Empecemos por analizar la *rueda de equilibrio*, que se muestra a continuación.

Cada línea representa un aspecto importante de

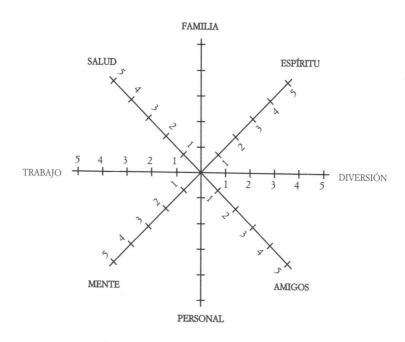

5 = Sobresaliente; 4 = Bueno; 3 = Mediano;
2 = Necesita mejorar; 1 = Malo

su vida. Utilizando una escala de cero a diez (en la que el diez representaría lo óptimo), escriba en cada línea una calificación que refleje su desempeño actual en cada uno de los puntos. Le sugerimos que para empezar analice las siguientes áreas de su vida:

Personal. Si siente que todos los días dedica suficiente tiempo a algo que le brinda cierto gusto o alegría, a la meditación o la privacía, entonces quizá quiera poner en esa línea entre un siete y un diez. Si, por el contrario, no dedica suficiente tiempo a su persona y con frecuencia antepone las necesidades de otros a las propias, su calificación seguramente será mucho menor.

Mente. ¿Está estudiando algo nuevo y ampliando sus intereses? ¿Cuándo fue la última vez que leyó un libro? ¿Cuánto tiempo pasa frente al televisor?

Trabajo. ¿Centra su vida en el trabajo y excluye cualquier otra actividad? ¿Trabaja los fines de semana y por las noches? ¿Tiene más de un empleo? O al contrario, ¿ha estado sin empleo o tiene un empleo que no le gusta?

Salud. ¿Cuánto ejercicio hace? ¿Es usted una persona obesa o demasiado delgada? ¿Tiene energía y empuje? ¿Está descansando lo suficiente?

Familia. ¿Tiene tiempo para sus seres queridos o está demasiado ocupado con otros asuntos?

Diversión. ¿En dónde tiene cabida la diversión en su vida? ¿Participa en un grupo o practica algún pasatiempo que disfrute y que no realice por ninguna otra razón más que por gusto propio?

Espíritu. ¿Tiene en su vida un espacio específico para reflexionar y orar? ¿Se siente cerca o lejos de Dios? ¿Con qué frecuencia habla con sus ángeles?

Amigos. ¿Pasa tiempo con la gente con quien se

disfruta y hacen cosas que a ambos les gustan? ¿Le gustaría tener más amistades o las que son mejores?

Quizá haya otros aspectos en su vida que no mencionamos. La escuela, el amor, las relaciones, los hijos, etc. son aspectos importantes que quizá quiera añadir.

Por favor, una los puntos con una línea continua hacia un "círculo". Una vez unido, el "círculo" puede tener una forma irregular. Si obtiene como resultado una *rueda de la vida* bien equilibrada, felicítese por el buen trabajo que ha realizado. Si, por el contrario, su rueda se asemeja a un neumático desinflado, ya sabe en dónde comenzar a trabajar para poder equilibrar su vida de la mejor manera.

Tal vez su rueda esté razonablemente redonda, pero con calificaciones bajas en cada línea. Por ejemplo, quizá se evaluó con un tres o un cuatro en cada punto. Es posible que su rueda no sea un "neumático desinflado", pero le falta aire. En ese caso, quizá quiera evaluar su calidad de vida en general. Al aumentar el nivel de alegría en cada área, podrá mantener su equilibrio y podrá experimentar un mayor sentido de utilidad y felicidad.

Con este simple autoanálisis de los puntos fuertes y débiles de su vida ha logrado identificar las áreas importantes en donde tiene un desempeño magnífico, así como aquellas que tal vez quiera mejorar. Con lo que ha aprendido, le puede pedir a los ángeles que le ayuden. A continuación le damos algunas ideas para empezar.

¿Cómo puedo mejorar la calidad de mi vida?

¿Cómo puedo tener más tiempo para divertirme?

¿En dónde puedo encontrar un compañero espiritual?

¿Qué puedo leer para alimentar mi mente?

¿Qué puedo hacer para mejorar mi salud?

¿Qué puedo hacer para unir a mi familia?

¿Cómo puedo dejar de trabajar *todo el tiempo*?

¿Cómo puedo tener más amigos?

Pudimos trabajar con Dios y con los ángeles cuando vimos en dónde necesitábamos ayuda. Nos asociamos con el reino divino y trabajamos en contacto con El todos los días para resolver los problemas. Cuando el miedo y el odio comenzó a apoderarse de nuestras vidas, revisamos nuestras *ruedas de equilibrio*. Generalmente nuestro problema tenía algo que ver con uno de nuestros puntos más bajos. Analizamos el punto en donde *nosotras* no estábamos trabajando lo suficiente en lugar de preguntarle a *Dios* por qué nos había abandonado. Dejamos de culpar a Dios del porqué nuestras vidas no eran cómo nosotras queríamos. Nuestros ángeles nos ayudaron a comprender que no éramos víctimas de Dios, porque tenemos control sobre nuestras propias vidas. Créanos, eso nos dio gran fuerza.

Una vez que sabe cuáles son las áreas que necesita mejorar en su vida, o en dónde se está autosaboteando, podrá comprender mejor por qué es importante saber pedir específicamente lo que se quiere *ser, hacer o tener*. A pesar de todos los bloqueos personales que lo han frenado, podrá entonces recibir toda la ayuda que Dios y sus ángeles le brindan, y su desarrollo será mucho más rápido.

Pero entonces se pregunta: "¿Qué me depara el futuro? ¿Hacia dónde me dirijo? ¿Cómo comienzo a vivir la vida que siempre he querido?" Comience por el principio. Analice en dónde se encuentra en este momento. Por ejemplo:

Ser. ¿Qué es lo que desea su corazón? ¿Cuál es su pensamiento más ambicioso en relación con lo que aspira llegar a ser? Cuando era más joven, ¿qué le decía la gente que no podía hacer porque no era lo suficientemente inteligente, lo suficientemente bueno o porque carecía de la condición física necesaria? ¿Qué es lo que, en el fondo, *usted* sabe que puede ser, que puede hacer o puede tener? Quizá nunca antes ha dicho lo que desea en voz alta porque suena absurdo.

Hacer. ¿Qué es lo que más le gusta hacer, tanto que lo haría gratis? ¿Qué le gusta tanto que podría quedarse despierto toda la noche para hacerlo? ¿De qué experiencia cuenta alguna anécdota? ¿En qué piensa en sus momentos de privacía? ¿Qué es lo que más desea hacer cuando llega a casa después del trabajo?

Tener. ¿Qué sueña tener? ¿A qué tienda le gusta ir con más frecuencia? ¿Cuáles son sus páginas preferidas en los catálogos de las tiendas departamentales? ¿Con qué casa, auto, centro vacacional, o pasatiempo sueña más a menudo? ¿Tiene buena salud y relaciones personales que le satisfacen?

Pensar en las cosas que más desea le produce alegría, y el invertir en ellas su tiempo y su dinero también forma parte de su camino. Con mucha frecuencia nuestros estudiantes nos han dicho que siempre habían creído que no podían en realidad ser, hacer o tener lo que más disfrutan. De alguna manera estaban convencidos de que los conceptos, la gente y las actividades que más les apasionaban, ¡eran inalcanzables!

Su pasión ES su camino. Si le gusta estar con niños, más que cualquier otra cosa, entonces el hacer algo con niños es seguramente parte de su trabajo en la vida. Si siente la misma pasión e intensidad por los deportes, por dar un ejemplo, entonces algo relacionado con los deportes es parte de su camino.

Sepa que lo que más le gusta hacer, ¡conlleva el propósito de su vida! Al trabajar en las áreas que lo satisfacen y lo emocionan, haciendo lo que verdaderamente ama, podrá fluir libremente con su trabajo en la vida y no tendrá que buscarlo: ¡El trabajo lo encontrará a usted!

Muchos creemos que para poder seguir nuestra pasión o camino primero tenemos que dejar algo. Aunque a nosotras nos encanta enseñar acerca de los ángeles por encima de cualquier otra cosa, cuando los ángeles nos dijeron que ahora trabajábamos para Dios tiempo completo, y que nunca más íbamos a tener "trabajos reales", lo primero que pensamos fue: "¡Ay, no! ¿De qué viviremos?". Ahora sabemos que Dios nos mantiene, pero al principio no sabíamos cómo es que eso podría suceder. Queríamos "trabajos reales" de nueve a cinco, y *después* trabajaríamos para Dios el resto del tiempo. La verdad es que, ¡Dios está con nosotros cada segundo del día!

A otra amiga le encanta enseñar en cuarto grado

de primaria más que cualquier otra cosa. Teme que, al tratar de descubrir cuál es su objetivo espiritual, Dios le pida que haga algo que no sea tan bueno o tan satisfactorio como el enseñar. Dios no le va a pedir que reciba menos de lo que tiene ahora para relizar *Su* trabajo. Lo conducirá por mejores y mayores alegrías, nunca por menos. Su siguiente paso siempre será mejor de lo que ha estado haciendo, y en ocasiones incluso mucho mejor de lo que jamás hubiera soñado.

Al utilizar *Los Cuatro Principios* y la *rueda de equilibrio* comenzamos a eliminar las barreras que nos han estado frenando. Además, ahora tenemos una mejor comprensión de las áreas específicas en donde necesitamos ayuda angelical y apoyo.

Piense en las distintas ocasiones en las que ha tratado de tomar una decisión en su vida, antes de que las circunstancias fueran las ideales, o antes de que estuviera preparado para ello. Quizá se volvió loco de preocupación. Después, en el momento justo, pudo seguir adelante con tranquilidad y sin ninguna duda. ¿Qué fue lo que sucedió en ese día "perfecto" que lo hizo distinto? Simplemente ésto: todas las partes de un plan mayor habían encajado por fin y estuvo listo para tomar su decisión sin el menor esfuerzo. En ese momento supo lo que significa el *equilibrio*.

Después de vivir en Italia durante cuatro años, regresé a los Estados Unidos. Aunque me daba gusto volver, viví un fuerte *shock* cultural, además de una gran tristeza por haber dejado el lugar, la gente y el idioma que había llegado a amar. No sabía con seguridad qué era lo que quería hacer aquí, considerando que me había convertido en una persona muy diferente mientras viví en el extranjero.

Les pedí a mis ángeles que me dieran un trabajo en el cual pudiera utilizar de la mejor manera mis dones, habilidades y experiencia, y en el que pudiera emplear los distintos idiomas que había aprendido y que me encantaba hablar. El trabajo tenía que estar bien remunerado, en un ambiente con poco estrés y con gente agradable. Les di a mis ángeles una fecha límite: el viernes de la segunda semana después de mi regreso. ¡Tenía que encontrar trabajo rápido!

El jueves de la segunda semana fue horrible. Ya tan sólo tenía veinte dólares. Aunque los ángeles me habían apoyado todo el tiempo con lo que yo llamo "milagros de sincronización", la tensión por la búsqueda de trabajo comenzaba a reflejarse en mi estado de ánimo.

Me encontraba en el sanitario de una agencia de contrataciones, llorando como una loca, cuando una mujer me preguntó si estaba bien. Con lágrimas en los ojos, le expliqué cuál era mi situación. Me sugirió que asistiera a una junta de un grupo de apoyo para desempleados que se llevaría a cabo en ese mismo lugar al día siguiente por la tarde; justo sería el "segundo viernes" que yo les había dado a mis ángeles como fecha límite. En la junta, un hombre me dijo que yo era la persona perfecta para trabajar en una compañía que producía y vendía cintas de idiomas.

Salí de la junta y de inmediato contacté a la persona indicada. Parecía como si mi curriculum hubiera estado escrito específicamente para ese trabajo que, además, estaba convenientemente ubicado a la vuelta de la esquina del grupo de apoyo.

El lunes sonó mi teléfono y me pidieron que acudiera a una entrevista. Al finalizarla me ofrecieron el puesto, para el cual habían aplicado ¡otras sesenta personas! ¡El trabajo me había encontrado a mí!

Yo sé que no existen las coincidencias. Lo que me sucedió fue, simplemente, parte de un plan mayor. A lo largo de todo el camino sabía que Dios y mis ángeles me estaban cuidando y

guiando. En el pasado me hubiera sentido deses- perada y temerosa desde el principio, no sólo en el momento crítico. En el fondo de mi corazón, sabía que encontraría un trabajo en el que podría uti- lizar los idiomas que tanto me gustan. En este tra- bajo tengo la oportunidad de practicarlos todos, ¡e incluso de aprender más!

Una de las cosas que he aprendido a pedir es conocer a las personas adecuadas en mi vida. En la época en la que no tenía ningún plan en especial ni opciones reales, ¡salía y saludaba a todo el mundo! Dios me llevó hacia la gente indicada, quienes me guiaron hacia el trabajo perfecto y posteriormente a mi apartamento perfecto. La vida está llena de milagros cuando me desapego y permito que los ángeles me guíen.

⊷ ⊱✦⊰ ⊶

¡Cada uno de nosotros tiene un propósito en la vida, que Dios apoya en un ¡100 por ciento!

Nuestro nacimiento no es accidental. Nos han dicho una y otra vez que cada uno de nosotros tiene una tarea específica, y que tenemos que lograr ciertos objetivos mientras estamos en este planeta. Es obvio que son pocos los que dudan a este respecto, porque casi todos se hacen las tres "grandes preguntas" en algún momento: "¿Por qué estoy aquí? ¿Cuál es mi propósito? ¿Cuál es mi camino?"

Si estas preguntas son universales, y ya se había planeado que hiciéramos una tarea específica antes de que naciéramos, ¿por qué entonces no nos acordamos qué es lo que debemos hacer? Buena pregunta, y debido a que la respuesta es diferente para cada uno de nosotros, es una buena pregunta para que *usted* se la haga a su ángel y le pida que se lo explique personalmente, como parte de su comunicación continua.

Los ángeles existen para ayudarnos a recibir lo que necesitamos y hacer el trabajo al que nos hemos comprometido en nuestra vida. Han estado esperando a que cada uno de nosotros *pida* lo que necesita para poder satisfacer nuestra pasión y poder cumplir con nuestra misión, y ellos seguirán esperando, *¡hasta que preguntemos!*

En ocasiones pareciera como si absolutamente nada estuviera pasando, aunque usted sabe que está haciendo lo correcto. Tenga paciencia, éste es sólo un periodo de espera. No todos los días se puede obtener un diez de calificación en la vida espiritual. Existe "un plan mayor" que no podemos ver ni comprender en este momento. Recuerde la historia de Suzanne; demuestra claramente que Dios conoce nuestras necesidades, y que El tiene un plan divino para satisfacerlas por completo, lo sepamos o no.

UN MENSAJE DE LOS ANGELES

Amados Buscadores:

Una gran sabiduría los rodea, y con ello pueden encontrar respuesta a cada una de sus preguntas, definir cada momento y seguir adelante sin tensiones. Podrían pasar fácilmente de una vida a otra sin conflictos en sus relaciones, sin problemas con lo material y sin preocuparse por el futuro. Pero Dios mismo les ha otorgado el don del libre albedrío, y el libre albedrío se les dio para que pudieran hacerse responsables de sus propias vidas, sus propios seres. ¿Por qué? Para perfeccionar su alma, claro. Si recordaran todo lo que han hecho con anterioridad, llegarían a este mundo sin la necesidad de trabajar en lo absoluto. *No habría razón alguna para nacer. La vida es como la escuela. Si cuando comenzaron el jardín de niños ya lo hubieran sabido todo, entonces ¿por qué pasar por el resto de los cursos? Si para cuando se graduaron del bachillerato ya lo hubieran sabido todo, ¿por qué tomarse la molestia de ir a la universidad, aprender un oficio o adquirir una habilidad? Su "memoria" interna de lo que quieren lograr y hacer los encamina hacia el crecimiento de su alma y al propósito de su vida. La vida tiene sentido, y el hecho de que no recuerden las razones por las cuales nacieron es parte de ese sentido. Hablen con nosotros al respecto. Nos encanta ayudarles a recordar.*

La Oración de Todos los Días

Dios mío, por favor haz que
a mi vida lleguen las personas,
circunstancias y sucesos propios,
para que así pueda cumplir
mejor con tu voluntad.

Cuando Necesitamos Orar por Nosotros

En la encuesta que diseñamos para identificar las razones por las cuales nuestros estudiantes creían que *Los Cuatro Principios* no funcionarían en su caso, escuchamos continuamente variaciones sobre un mismo tema: uno de los graves problemas que tiene la gente para contactar a sus ángeles, y para pedirles ayuda para sí, es su poca fe y las actitudes personales respecto a su propio valor como personas.

"No soy lo suficientemente bueno". Bárbara, en algún momento crítico de su vida, estuvo en terapia. Un día su terapeuta le pidió que hiciera una lista con todas sus cualidades, que incluyera todo aquello que ella valoraba de su persona. La lista que Bárbara llevó a la sesión siguiente contenía un sólo punto: "Sé poner papel tapiz". Fue lo único que pudo escribir después de haberse preocupado durante varios días y haber pensado en la lista. No se tenía fe, le llevó muchas otras sesiones para que se pudiera dar cuenta que la autoestima no se refería a lo que *hacía*, sino a lo que *era* por dentro. Hoy su lista ya no es la misma.

Es difícil que reconozcamos la presencia de nuestros ángeles cuando nuestra autoestima está en un nivel muy bajo, cuando pensamos que nosotros no contamos y que a Dios no le importa. En ese estado es casi imposible escuchar sus palabras de apoyo y estímulo, o recibir todas esas bendiciones que están deseosos de darnos. Estamos demasiado ocupados escuchando toda esa palabrería negativa que surge de nuestro interior.

"Me conformo con menos". Esta afirmación la dicen casi con orgullo, como si fuera una virtud pensar de esta manera. Esta frase parece ser una variación de lo que nos enseñaron en la infancia: "No seas goloso. Deja un poco para otra persona". "No seas desperdiciado". "Hay niños que se mueren de hambre en China", o cualquier otra cosa terrible que estuviera sucediendo y por la cual nuestros padres nos podían culpar.

Desgraciadamente es cierto que atraemos únicamente lo que creemos que podemos recibir. Esto *no* se debe a que los ángeles nos den sólo pequeñas cantidades. En lo absoluto. Cuando esperamos o pedimos poco, recibimos poco. No reconoceríamos un gran regalo como nuestro porque ¡no lo pedimos o no esperábamos recibirlo!

Si ha estado pidiendo un auto barato, de segunda mano, que simplemente le sirva "para moverse", no reconocería un Lexus o un Lincoln regalado si se lo pusieran enfrente. Pensaría que es para alguien más y diría "No es mío, es demasiado bueno para ser verdad". O "¿En dónde está el gancho?".

"A la gente no le va a gustar si Dios me da demasiado". Nuestra madre solía decir: "Ya se han divertido bastante, ¡es suficiente!". Dios no nos refrena en *nada. ¡Nosotros* nos limitamos! Nuestros padres y otros adultos bien intencionados nos han enseñado todo tipo de limitantes. Por ejemplo, nos preguntamos por qué algunas personas no triunfan en las ventas, cuando parecen ser los candidatos perfectos y poseen todas las características adecuadas. Quizá los padres que han dicho una y otra vez frases como: "No hables con extraños" y "no cruces la calle", han condicionado al niño, quien es ahora un adulto, a que tenga miedo de hacer contactos o de hablar con los extraños.

Analizamos nuestra infancia y cómo nos inculcaron algunas de nuestras creencias y nos damos cuenta de que hemos transmitido algunas de esas creencias a nuestros propios hijos, pese a nuestra determinación de no hacerlo. El sistema central de creencias con el que evaluamos las situaciones, condiciones, oportunidades y gente se forma en los primeros años de vida. Tal vez por eso muchas veces nos preocupamos más por lo que *otros* piensan de nosotros, que por lo que *nosotros mismos* pensamos.

Si durante sus primeros años de vida le hubieran enseñado que "el dinero es la raíz de todos los males", probablemente hubiera crecido pensando que no se puede ser una persona espiritual y adinerada. Es más, como a nadie le gusta tener el papel de malvado, posiblemente se creería una mala persona si llegara a poseer cierta riqueza. Si llevamos este concepto un paso más adelante, ni se atravería a *pedirle* dinero a Dios.

Muchos de nosotros pensamos que si de hecho alguna vez llegáramos a pedir dinero, de alguna manera, "pasaríamos por el infierno para pagar", sería egoísta, demostraría una falta de auténtica espiritualidad, compasión, etc. ¿Acaso significa que no nos aceptaríamos a nosotros mismos si fuéramos ricos? Nos hemos acostumbrado tanto a sobrevivir a "los tiempos difíciles" que nos da miedo no saber como manejar el dinero si lo llegamos a tener. Muchos de nosotros consideramos la siguiente frase como toda una máxima: "Ten cuidado con lo que pides, porque puedes llegar a obtenerlo". ¿Por qué no nos eseñaron a decir: "Sé generoso con lo que pidas para ti, porque Dios tiene mucho que darte"?

"Todos los demás merecen más que yo". Esta es la máxima afirmación de una muy escasa autoestima. Sólo una persona equilibrada se puede dar cuenta de que *es ella* la persona más importante, y merecedora, de su propia vida. Nadie se merece más que usted. Dios nos quiere dar todo. Nos ama a todos por igual.

Aprenda a amarse y a sentirse importante. Nadie más nació en su lugar. Nadie más paga sus cuentas, come su comida, o sufre por su viruela. Y definiti-vamente nadie más va a morir por usted. Piense en la última vez que le dolió la muela. ¿Acaso llegó alguien a decirle que se haría la extracción en canal en su lugar? Hasta que ésto no suceda, *usted* es la persona más importante en su vida. Si la gente no está dispuesta a morir por usted, entonces tampoco le pueden decir cómo vivir.

La historia de Darlene

Crecí en un hogar en el que fui víctima de alco-holismo, drogas y trastornos físicos y emo-cionales. Desde que tengo memoria, pareciera que mi apariencia física era el tema principal de la casa. Mis padres eran muy bien parecidos, y el hecho de que yo no pudiera alcanzar sus están-dares les causaba una gran pena. Cuando niña, para mí era devastador escuchar frases como: "Fuiste un bebé tan bonito, ¿qué fue lo que pasó?". No sólo en casa no tuve apoyo durante esos años, también en la escuela se mofaban de mí por estar demasiado gorda, alta, o por no tener buen cutis, y mis padres me recordaban que todas esas cosas eran ciertas.

Quizá mis ángeles sean como los padres que debí haber tenido. Siempre están presentes y me apoyan mucho. En ocasiones, cuando realmente los necesito, siento cómo me rodean, como un gran abrigo protector. Me siento amada y muy especial. Mis amigos han notado mis cambios emocionales y físicos. Nunca seré modelo, pero ahora me gusto y tengo un compañero muy especial en mi vida. Mis ángeles me han dicho que será mi compañero de por vida.

Admito que me siento extraña al pedir cosas como un automóvil, una máquina de coser que haga ojales, y que me quede un vestido talla dieciséis, pero no es porque sienta que no las merezco. Ahora estoy convencida que hay que pedir sólo cosas *grandes*. Ahora me doy cuenta que Dios y mis ángeles, por sobre todas las cosas, quieren que sea feliz en todos los aspectos, así como yo quiero ser feliz.

Cada uno de los mensajes de mis ángeles me ha servido. Cada día es una nueva aventura. Mi vida no es perfecta, pero mis ángeles me han estado ayudando a poder perdonar. Ahora acepto tranquilamente el camino que he elegido en la Tierra, y su ayuda permanente para poder continuar en el camino correcto.

Así que si ve a una mujer feliz, sonriendo mientras maneja un Honda Passport, y le dice adiós o toca la bocina, es que les acabo de decir a mis

ángeles que se sujeten el cinturón y vamos can-
tando las canciones de la radio.

Pensando en Grande

—···—··—·—

¿Por qué es tan difícil *pensar en grande*? ¿Nos da
miedo parecer egoístas? Todos queremos mejorar
nuestra situación en la vida. Oramos sinceramente
por nuestros deseos. Cuando recibimos lo que
hemos pedido, sentimos que no lo merecemos.
Parece ser como si no lo hubiéramos ganado. No
cabe duda, pues, que de hecho, en primer lugar,
dudamos en pedir.

A la gente con poca autoestima le preocupa
mucho ser egoísta. Cuando logre desarrollar un
concepto positivo, entonces comprenderá que sólo
está viendo por sí mismo, se está ocupando de sus
necesidades y que hay suficiente para todos.
Conforme va mejorando su autoestima, comenzará
a darse cuenta de cuántas cosas buenas le suceden.
Reconocerá que Dios lo ama y reconocerá todas
las señales de ello. Dios responde a las plegarias.
Constantemente envía cosas buenas.
Muchos de nosotros utilizamos la frase: "hag-

amos un trato", cuando forzosamente necesitamos entablar una negociación con Dios. El "hagamos un trato" es producto de la creencia de que tenemos que darle algo a Dios para poder recibir a cambio. Algunos creen que un intercambio "justo" tentará a Dios para que nos dé lo que queremos. A continuación encontrarán varios ejemplos de esta frase:

- "Si curas a mi esposa del cáncer, prometo que *nunca* volveré a decir malas palabras".
- "Si me ayudas a comprar esta casa, *nunca* volveré a pedir nada".
- "Si me ayudas a conseguir este trabajo, prometo que pagaré el diezmo" (o rezaré todos los días, o iré a la iglesia cada semana, o ayudaré a los desamparados, o me limpiaré los dientes con hilo dental todos los días, o cualquier otra cosa).
- "Dios mío, si me saco la lotería, donaré la mitad para obras de caridad, lo prometo".

Tratamos de negociar con Dios porque estamos llenos de creencias que nos limitan. Creencias de que Dios no quiere darnos todo lo que necesitamos y que sólo responderá ante nuestras ofertas de intercambio. Creemos que sólo negociando con

Dios podremos estar de Su lado y disfrutar de Su amor, compasión, bondad, gracia y riquezas. ¡Que concepto tan absurdo! El hombre finito que quiere negociar con el Dios infinito, quien le daría todo lo que el corazón del hombre deseara simplemente con pedirlo de manera directa. Debemos aprender a pensar en grande. Tenemos que aprender a pensar en un Dios más "grande", en un Dios amoroso, espléndido, cariñoso y generoso. Pero, ¿cómo?

¡Muy fácil! Comience por aceptar los siguientes conceptos, en los que nosotras creemos:

1. Dése cuenta que no hay error alguno en pedirle a Dios lo que sea.
2. No hay nada demasiado grande que no podamos pedir.
3. Nunca tiene por qué "dar para recibir" o sacrificar para recibir de Dios.
4. Dios no le quita a nadie para darle a usted lo que pide.

¿Alguna vez ha comprado un auto de una marca que nunca antes había tenido? Si usted es como la mayoría de la gente, una vez que ha decidido comprar ese automóvil, entonces cada vez que sale, y en todas partes, comienza a fijarse en esa marca, incluso en el modelo específico que usted compró. Pensar en grande funciona de manera similar. Una vez que se decida a pensar en grande respecto a Dios, verá la evidencia en todas partes. Cada vez que voltee, verá cómo Dios trabaja: le da, lo mima, lo cuida y le ayuda a través de gente como usted. Además tendrá el estímulo, el apoyo y hasta la ayuda física de los ángeles.

Los pequeños regalos le puden dar tanta alegría y abundancia como los grandes. ¿Cuántas veces en la vida va a pedir una casa? ¿Dos veces? ¿Tres veces? Compare eso con las cientos de cosas que Dios y sus ángeles le pueden dar todos los días.

Le damos algunas ideas de peticiones que podrán parecer insignificantes, pero que pueden ser importantes o hasta vitales en cierto momento. "Por favor, dime qué decirle a Mary para apoyarla". "Ayúdame a tener paciencia con los niños". "Ayúdame a que encuentre todo rápido en la tienda". "Ayúdame para que pueda recibir la llamada telefónica". "Ayúdame a encontrar mis aretes". "Ayúdame a encontrar al médico indicado". "Ayúdame a encontrar las vitaminas correctas". *Nada* es demasiado insignificante como para no poder pedirlo.

Pero cuando piensa en grande, entre mayor abundancia permita en su vida, menos preocupaciones tendrá. Cuando pide la ayuda de Dios y de los ángeles, en realidad está pidiendo que lo liberen de sus propias barreras personales. Usted se convierte en parte de la conexión que todos están buscando en realidad. Lo que todos queremos, realmente, es amar y ser amados. Cuando lo hacemos, estamos en paz y no hay nada bueno que Dios nos niegue, aun cuando parezca imposible.

La historia de Tom

Tenía un pequeño negocio de consultoría en ingeniería que iba desarrollándose hacia lo que podría haber sido una muy buena compañía. Mi esposa y yo habíamos construido la casa de nuestros sueños, nuestros hijos iban por buen camino y la vida pintaba muy bien. De pronto, ¡mi cliente más importante se declaró en quiebra! Representaba a un gran número de negocios distintos, y cuando él no nos pudo pagar, nosotros no pudimos pagarles a nuestros acreedores. Toda nuestra vida cambió de inmediato. El peor día fue cuando la Superintendencia de Contribuciones (IRS) llegó y vendió todo en una subasta para poder recuperar el pago de impuestos. Nuestra casa quedó confiscada y tuvimos que irnos a vivir con unos parientes.

A mi esposa le dio un ataque al corazón y no

pudo seguir trabajando. Encontré varias ofertas interesantes con grandes contratistas, pero cuando terminaba el proyecto terminaba también mi contrato. Vivimos así durante catorce años, entre trabajos de corto plazo con largos intermedios de desempleo.

La IRS se convirtió en nuestra preocupación constante. Como teníamos problemas con el pago de impuestos, no podíamos poseer ninguna propiedad ni pedir crédito de ningún tipo. Ni siquiera podíamos tener una cuenta en el banco, porque cualquier cantidad en efectivo, por pequeña que fuera, la confiscaba el gobierno. Lo

que debíamos seguía creciendo conforme se acumulaban los intereses y las multas; parecía que nunca podríamos resolver nuestro problema.

Después acudimos a un curso para comunicarnos con nuestros ángeles y aprendimos a entregarle nuestro problema de impuestos a Dios y a los ángeles. Les pedimos que nos ayudaran a solucionar este lío y tuvimos fe en que así sería. Logramos cambiar nuestra actitud negativa hacia la IRS. Por primera vez no teníamos miedo. Sentimos que los ángeles se ocuparían de nosotros y ya no teníamos que invertir más energía en nuestro problema.

A través de un amigo supimos de un excelente abogado. Aunque en muchas ocasiones nos habíamos acercado a la IRS, él nos aseguró que nos podrían condonar el pago, que ahora ya ascendía a 76,000 dólares. En unos cuantos meses la IRS aceptó una carta-compromiso con la renegociación de la deuda de acuerdo con lo que podíamos pagar.

Sin embargo, el regalo más increíble no fue el acuerdo de pago de impuestos. Creemos que los ángeles nos ayudaron a que un sindicato de crédito nos aprobara un préstamo. ¡No habíamos tenido crédito durante muchos años y nos lo dieron sin ninguna garantía! Ahora hacemos pagos razonables para saldar la deuda, y finalmente podemos tener otra vez una propiedad y crédito.

Pareciera como si la IRS hubiera cambiado de opinión. Sabíamos que estábamos en un callejón sin salida. Pero, al final, los únicos que cambiamos fuimos nosotros y nuestra idea de la situación. La ayuda de los ángeles para poder lograrlo marcó la diferencia.

El Ser Espiritual

Dios nos dio un cerebro para usarlo, pero nuestro cerebro es sólo una herramienta que nos ayuda en la vida. Nuestro cerebro sabe cómo manejar nuestro cuerpo y almacenar información, pero no sabe nada respecto a nuestro propósito, camino o misión. Nuestro cerebro selecciona la información y nos ayuda a tomar las decisiones. Sin embargo, no tiene *toda* la información que necesitamos para tomar cada una de las decisiones. ¿De dónde procede, entonces, el resto de la información?

Dentro de cada uno de nosotros está un ser espiritual que posee el sentido del "saber". Algunos le llaman "alma", otros "presentimiento". Como quiera que le llame a ese sentido, sepa que es válido. Además del cerebro o la mente, también nos guía el ser espiritual. Al combinar la mente y el ser espiritual para tomar las decisiones podrá incrementar el número de decisiones o elecciones correctas que haga en cada una de las diferentes áreas de su vida.

Nuestros pensamientos provienen de todas nuestras experiencias pasadas y del conocimiento acumulado. Si nuestras experiencias se han visto severamente limitadas tomamos decisiones incorrectas por falta de información. En nuestras relaciones, los negocios, y en los cambios de la vida, todos creemos estar actuando de la mejor manera, de acuerdo con la información que tenemos hasta ese momento. Sin embargo, al combinar la mente con el ser espiritual, y con la ayuda de nuestros ángeles, le añadimos la dimensión de los valores al proceso de decisión y reducimos el riesgo de elegir incorrectamente.

Es más fácil incrementar nuestras expectativas de acuerdo a lo que nos ofrece la vida cuando no estamos bajo presión o con temor. Al darnos cuenta que tenemos un cerebro para seleccionar la información, una sabiduría interna para equilibrar las partes intelectuales y las espirituales, y a los ángeles que nos guían, nos volvemos mucho menos vulnerables. Estamos entonces en una posición mucho mejor para tomar las decisiones correctas.

No obstante, nada nos garantiza que no vayamos a cometer errores. Entonces, ¿qué sucede si, a pesar de todo, toma una decisión equivocada? El plan para su vida existe de cualquier manera. Sus ángeles siguen con usted para ayudarlo con el siguiente suceso y la siguiente decisión, y la que le sigue, y la que le sigue a la anterior. El conformarse con menos le afectará más que las decisiones equivocadas.

UN MENSAJE DE LOS ANGELES

Amados nuestros:

Si pudiéramos darles un credo sería el siguiente: No existen los límites. Si después de cada pensamiento o cada oración se hubieran preguntado: "¿Estoy limitando el amor que Dios me tiene?" entenderían mucho mejor lo que les pone a su disposición. ¡Dios no tiene límite! No se limiten. Crean en ustedes mismos. Sepan que Dios cree en ustedes.

Una Oración Budista
para la paz mundial a través de la felicidad individual

Busco refugio en el Buda.

Busco refugio en la Enseñanza.

Busco refugio en la Comunidad

Espiritual.

Capítulo 6

Oración por los Demás y por el Mundo

Todo Es Todo

Una de las enseñanzas de los ángeles es que todos estamos estrechamente conectados; cuando nace un niño, todos cambiamos; cuando alguien muere, todos lo resentimos. Cuando oramos por otros, amamos, o lloramos, estamos enviando mensajes a través de estos hilos conectores que literalmente envían energía y hacen toda una diferencia para los demás. Todos los seres humanos en la Tierra estamos conectados y nos vemos afectados por cada individuo en el mundo. Cada uno de nosotros somos igualmente importantes y hacemos toda una diferencia. Si quiere cambiar al mundo, comience por cambiar usted.

Imagine que de su corazón sale un hilo que está unido al corazón de otro ser querido. Imagine que existen muchos otros hilos que también salen de su corazón y que están unidos a cada una de las otras personas que habitan el planeta, y miles de otros hilos están atados a todos los demás. ¿Se da cuenta lo unidos que estamos?

Piense en todas las personas que conoce y en cuántos hilos están unidos a usted. ¡Son tantos! ¡Pero piense en las que no conoce! Cuando en su vida se presentan sucesos o circunstancias que aparentemente no tienen relación alguna, y sin embargo tienen un gran significado, experimenta lo que se llama sincronización. Algunas personas les llaman coincidencias, pero cuando logre comprender lo entrelazados que estamos, entonces sabrá que estos sucesos son una activación momentánea de los hilos conectados. Un suceso conduce a otro, mismo que conduce a uno más, el cual conduce a otro, y así sucesivamente.

Es obvio que nuestra Tierra está enferma,

necesita de nuestros cuidados para sanar, pero en ocasiones es difícil percibir la forma en que nuestra vida personal influye en la problemática de nuestro mundo. Los ángeles también nos han revelado que no moriremos si la Tierra muere, ya que nuestra alma es eterna y continuará su camino. Sin embargo, si la Tierra dejara de existir, el universo cambiaría y se vería afectado a causa de la pérdida de la Tierra. El plan de Dios tiene un determinado orden. La Tierra es importante porque es parte del orden de Dios y El le ha pedido a los ángeles que nos ayuden para salvar a este hermoso planeta. Todos formamos parte integral del gran plan de Dios para nuestro mundo.

Cuando vive una experiencia que incluso parece un milagro, busque la sincronización. Cierta persona le está transmitiendo información del algún tipo. Cuando lea las historias de la gente que nos ha escrito, busque los sucesos inexplicables, la sincronización. De hecho, en estas historias existen muy pocos milagros. Busque lo inexplicable en su propia vida. Cuando sucede, significa que está experimentando a Dios y a sus ángeles en acción. Todo tiene un significado mayor. La manera en que hablamos con Dios, o activamos nuestro hilo con El, es a través de la oración.

La Oración

Alguien dijo alguna vez que cuando oramos somos
nosotros los que hablamos con Dios, mientras que
cuando meditamos es El quien nos habla. Sea cual
sea el funcionamiento, la oración activa nuestro lazo
directo con Dios y a través de esta comunicación
somos capaces de hacer cambios en nuestras vidas,
eventos, relaciones y circunstancias. Orar es Pedir.
Es incluso más que eso: Orar es Tener Fe, Permitir
que Suceda y Agraceder. Una buena oración a Dios
contiene *Los Cuatro Princi-*
pios.

**PIDA en la
oración.** Re-
conozca que
Dios está ahí y
que le ayudará
con la petición
que hace para
usted o para los
demás.

Tenga Fe en la oración. Abandone sus preocupaciones personales y dudas, y tenga fe en que Dios es quien le puede dar lo que desea o necesita. Tenga fe en que Dios le está escuchando y que mantienen un diálogo abierto y eficaz.

Permita que Suceda en la oración. No se aferre al objetivo de su oración. Deje toda su plegaria en manos de Dios. Desapéguese. Es como enviar una carta. Usted deposita el sobre en un buzón con total confianza y seguridad de que llegará.

Agradezca en la oración. Agradézcale a Dios por lo que está haciendo, ha hecho, y seguirá haciendo. Dele crédito a Dios y reconozca Sus obras en su vida.

Cuando Oramos por los Demás

Es bueno rezar por los demás. A continuación encontrará la manera de cómo nuestros ángeles nos enseñaron a orar cuando pedíamos algo por alguien más.

1. Amor, amor, amor. Impregne su oración de amor. El amor cura, reconforta y brinda apoyo. Nunca es excesivo el amor que se puede transmitir cuando se ora por otra persona.

2. Pida que se haga la voluntad de Dios.

3. Pida para que la persona afectada tenga la fuerza suficiente.

4. Pida que se le muestre cómo puede ayudar.

5. Pida la ayuda de los ángeles en donde haya mayor necesidad.

Mientras ora, practique frases que denoten su amor: "Dios mío, por favor ayuda a Betty para que tenga éxito en su examen del día de hoy". "Dios mío, ayúdame a tener paciencia con mis niños enfermos". "Dios mío, ayuda a Peter para que experimente tu amor y fuerza mientras sana". "Dios mío, muéstrame cómo puedo ayudarle a mi madre ahora que está muriendo". "Dios mío, dame la fuerza necesaria para salir adelante". "Dios mío, ayuda a Joe con lo que más necesite".

La energía de la oración servirá como herramienta curativa para el cuerpo, la mente y el espíritu, en donde sea necesaria. El Dr. Herbert Benson y Mary Mark, coautores de *Timeless Healing,* nos ofrecen evidencia científica de que la fe ha ayudado a curar algunas enfermedades. Los enfermos por los que se oró se recuperaron más pronto que aquellos con enfermedades similares por quienes no se oró, aun cuando los pacientes que se recuperaron más pronto no sabían que eran objeto de oración. El orar por los demás es muy satisfactorio. En ocasiones, cuando se ama a alguien y nos preocupa su bienestar, rezar es lo único que se puede hacer.

Cuando Oramos por Ciertos Grupos

Hemos descubierto que para nuestros estudiantes es más difícil orar para sí mismos que para los demás. Algunos pensaban que era egoísta orar para sí mismos, pero no tenían reparo alguno en orar por sus amigos o parientes con alguna necesidad, o por los niños famélicos de Africa. Cuando rezamos por los demás, nos sentimos conectados con nuestro mundo. Mientras más seamos los que activemos nuestros hilos de energía, con amor y preocupación, por los diferentes problemas, será más energía la que se dirija, y entonces mayor será la cura.

Muchos ángeles sólo trabajan por los problemas del mundo, como la paz mundial, los famélicos, o por la salvación del planeta. En la última década, en todo el mundo, hemos visto algunos milagros que días antes de que ocurrieran hubieran parecido imposibles. La reunificación de Alemania y el colapso de la Rusia comunista son sólo dos de los sucesos más inesperados y dramáticos. Millones de personas han estado orando por la paz mundial. Estos dos eventos tuvieron mucha influencia en establecer paz en todo el mundo. La oración sí da resultado.

La Intención de la Oración

No importa si está orando por alguna persona en particular o por un grupo, es importante recordar que todos tenemos nuestra propia guía divina. Dios y los ángeles nos están guiando, a cada uno de nosotros, hacia nuestro mejor camino. Cuando tratamos de posesionarnos de las lecciones personales de otros, estamos literalmente desempeñando el papel de Dios y únicamente obstaculizamos el desarrollo de esa persona. En realidad nunca sabremos cuál es el camino o la vida a seguir del otro individuo. Cuando pretendemos controlar, manejar o manipular, a los demás, incluso a través de nuestras oraciones, nos entrometemos en el papel de Dios. Quizá somos conscientes de estas actitudes en nuestra vida diaria, pero no nos percatamos de que lo hacemos en nuestras oraciones.

Muchas personas no comprenden la diferencia entre cuidar y sobreproteger. El controlar, manejar y manipular son acciones que inhiben la fuerza personal y la capacidad del otro individuo. El cuidado otorga poder y le permite a la otra persona hacer sus propias elecciones y tomar las oportunidades necesarias para mejorar su propia vida a través de sus propias experiencias. Cuando ore, verifique sus motivos para asegurarse de que no está tratando de controlar, manejar o manipular a los demás o incluso a Dios.

Si no está seguro de cómo rezar, simplemente diga: "Hágase Tu voluntad". Con esta sencilla afirmación no hay lugar para error alguno. Hemos descubierto que entre más sencilla sea nuestra forma de expresión, más equilibrada será nuestra conexión con Dios. Cuando pida algo, simplemente pida. No le diga a Dios o a sus ángeles cómo hacerlo, ni sugiera formas en las que crea que funcionará mejor. Simplemente PIDA.

Usted también tiene su propia guía divina y si descubre que la gente quiere controlarlo, manejarlo, o manipularlo, a continuación le mostramos cómo nuestros ángeles nos enseñaron a enfrentar esta situación:

Nunca tiene que dar *explicaciones*.
Hoy está haciendo lo que mejor sabe hacer.
No tiene que *justificarse*.
Hoy está haciendo lo que mejor sabe hacer.
No tiene que *defenderse*.
Tomó su decisión con la mejor información que tenía en el momento y... hoy está haciendo lo que mejor sabe hacer.

El rezar *correctamente* era una de las grandes preocupaciones de nuestros estudiantes. He aquí algunas de las preguntas que les hicieron a los ángeles y las respuestas que ellos dieron:

P: Doy por hecho que los ángeles saben qué es lo mejor para el mundo. ¿Qué tan específico necesito ser en mi oración?

La energía de tu oración nunca se va a desperdiciar. Aun cuando ores por algo que no puede suceder en ese momento, la energía que se transmitió marcará una diferencia positiva en las personas involu-

cradas. Sé tan específico como tengas que serlo, pero date cuenta: la intención y el amor son las partes más importantes de una oración.

P: ¿Cómo es posible que mi sola oración marque una diferencia en el mundo?

Porque, hijo mío, todos somos uno. Los hilos de los que hablan Trudy y Bárbara son mucho más que energía. Son lazos de amor, de curación, de ayuda. Esto es parte de la fe. Quizá nunca sepas de qué manera tu oración puede ayudar, pero sí ayuda. ¡Ten fe y sigue orando!

P: ¿Puedo hablar con los ángeles de otras personas y pedirles que ayuden a mis amigos o a los desamparados?

Sí, sí, sí. Sin embargo, date cuenta que los otros están protegidos por sus ángeles, así como a ti te protegen los tuyos. Tu oración será un regalo de amor, pero sabe que sus ángeles harán lo que sea necesario para ayudarles desde su propia perspectiva.

P: ¿Tengo que rezar como me lo indica mi iglesia?

Si así lo deseas. Ora como te lo dicte tu corazón, él te dictará lo correcto.

También podemos hacer algo más que orar. Cuando detrás de nuestras plegarias están nuestras acciones, entonces realmente conectamos nuestro corazón amoroso con la humanidad. Para que se marque una diferencia no tiene que suceder en escala masiva. Los maestros sienten que pueden marcar una diferencia en sus alumnos, un niño a la vez. Usted también puede hacer la diferencia con una oración o una acción a la vez. Pídale a sus ángeles que lo guíen hacia donde haya mayor necesidad de hacer el bien.

LA HISTORIA DE MARI

El 7 de diciembre me encontraba haciendo mis compras de Navidad y *Hablando con Su Angel de la Guarda* fue uno de los regalos que compré. Al día siguiente, en lugar de envolver todos los regalos como había planeado, comencé a leer el libro. No sabía lo mucho que iba a cambiar mi vida en las siguientes cuarenta y ocho horas.

Alrededor de las 2:00 A.M. del domingo, me desperté de un sueño profundo, mientras escuchaba música en mi cabeza. Pensé: "¿Podrían ser éstos mis ángeles?" Comencé a preguntarme acerca de la música. Después escuché: "*No hables, escucha. Despeja tu mente*". Me asusté y comencé a rezar. Ellos dijeron: *"¡Así se hace!"* ¡Entonces supe que los ángeles estaban ahí en realidad!

"A la mañana siguiente me despertaron con una canción que reconocí: "Love at Christmas". Claramente me dijeron: *"Hay miles de calles repletas de gente hambrienta. Alimenta a los desamparados en Navidad"*.

Al día siguiente escuché continuamente: *"Llama a Bárbara. Llama a Bárbara"*. Cuando me contestó el teléfono, ¡estallé en llanto! Le conté lo que los ángeles me habían dicho y lo angustiada que me sentía. Le expliqué que no había forma de que yo pudiera hacer lo que me pedían porque trabajaba en una cafetería largas jornadas, y no tenía suficiente dinero para alimentar a todos los desamparados.

Ella me dijo: "Los ángles no te dan una instrucción de esa naturaleza sin darte las herramientas necesarias. Comunícate con ellos y pregúntales cómo se supone que debes hacerlo".

Una vez más los ángeles me despertaron diciendo: *"Pon atención. Esto es lo que harás"*. Me dijeron que hiciera unas botas y las llenara con una hogaza de pan, una lata de atún, mantequilla de maní y jalea. También me dijeron que incluyera un cepillo de dientes y una pasta, un jabón y una esponja. Me pidieron que ayudara a que los

desamparados se sientieran como niños el día de Navidad y que colocara también una naranja y un bastón de caramelo. Les pregunté cómo iba yo a hacer todo ésto, y me dijeron: *"Pide ayuda"*.

No estoy acostumbrada a pedir ayuda, pero no hubiera podido lograrlo de ninguna otra forma. A la mañana siguiente comencé a cortar unas botas de sobrantes de tela que tenía en casa con unas tijeras en zigzag. Los ángeles siempre estuvieron conmigo. En una ocasión, cuando me salió una ampolla por tanto cortar, me preguntaron: *"¿No tienes cualquier tipo de aceite?"*

Conforme terminaba de coser las botas, les engrapaba una tarjeta en la que escribía el contenido. Mi marido se llevaba varias botas al trabajo. Al día siguiente me pedía más. También les pedí a mis compañeros de trabajo que me ayudaran a llenar las botas, lo hacían y pedían más. Mis amigos también me ayudaron, todos querían participar.

Todas las noches los ángeles me llamaban. Una noche ya exhausta, les pregunté: "Por qué me despiertan a medianoche?"

"Es la única hora en la que puedes escuchar", me respondieron.

No tuve ningún problema para conseguir la comida, pero no tenía acceso fácil a los cepillos de dientes. Le pedí a una empresa que vende cepillos de dientes para los hospitales si me podía dar dos cientos para mi proyecto. Me los proporcionaron sin cargo alguno, pero hubo una confusión respecto al número que solicité: cuando fui por ellos, ¡eran dos mil! Terminé por regalar cepillos de dientes a otros grupos de caridad. Un hotel me dio el jabón, con champú y también crema de manos.

Todas las botas regresaban llenas hasta el borde. Después, una mañana recibí el mensaje: *"Enséñales cómo alimentarse por sí mismos"*. Le pedí permiso a Trudy y a Bárbara para poder copiar la página 39 de su libro *Hablando con Su Angel de la Guarda.* Hice una reducción de 3 x 5 de la hoja y la colgué en cada una de las botas. Quería que la gente supiera que sus ángeles les podían ayudar si aprendían a **Pedir.**

El día de Navidad, cinco de nosotros nos reunimos muy temprano y nos dirigimos hacia los subterráneos de la autopista. Nos encontramos con muchas personas, todas bien arropadas para conservar el calor, durmiendo con unos carritos de supermercado a un lado. Dejamos una bota en cada carro, junto con una moneda y una nota que decía: "Por favor, habla a casa. Hay alguien a quien le importas y quiere saber de ti el día de hoy".

Los que estaban despiertos gritaron "¡Dios los bendiga! " conforme avanzamos. Nos encontramos con familias, ancianos y una pareja joven con un bebé. También les dimos algunas frazadas que habíamos recolectado, y al final terminamos por repartir más de dos cientas botas. Mi meta era llegar a una vida. Llegamos a más de una y ellos nos correspondieron.

Este año repartimos más de tres cientas botas entre los desamparados. Además los ángeles nos pidieron que hiciéramos botas especiales para un orfanatorio local. Entonces decidimos expander nuestro trabajo. Los desamparados tienen grandes necesidades los 365 días del año, así que ahora servimos desayunos todos los domingos a todos aquellos que llegan al parque en donde distribuimos la comida. Desde entonces, decidí retomar mis estudios y estoy por titularme y planeo convertirme en ministro. Cuando los ángeles me despertaron, ¡vaya que sí me DESPERTARON! Les estoy infinitamente agradecida por ello.

•+ ═╫═ +•

UN MENSAJE DE LOS ANGELES

OREN. OREN. OREN. Los regalos llenos de amor y buenos deseos nunca se van a desperdiciar. La oración activa su conexión con Dios.

Una Oración Judía

La cura

para el cuerpo y el espíritu

Oramos porque aquel que bendijo a nuestros padres, Abraham, Isaac y Jacob, y a nuestras madres, Sara, Rebeca, Leah y Raquel, envíe sus bendiciones curativas a aquellos que nos rodean y están enfermos. Que el Bendito se apiade de ellos, que pronto sientan la cura en sus cuerpos, su mente y su espíritu junto con todos aquellos que padecen alguna enfermedad.

Ahora, digamos Amén.

Capítulo 7

Oración para los Milagros y las Curas

~~·—=≡=—·~~

Los milagros no son más que la voluntad de Dios en acción. Hay milagros por los que pedimos y hay otros que suceden sin que pidamos por ellos. Podemos considerar un milagro como una experiencia extraordinaria, inesperada, pero para Dios todo es parte de un día de trabajo. Existen leyes naturales del universo y puede que esos milagros ocurran fuera de esas leyes, pero en realidad los milagros utilizan leyes que ni siquiera conocemos, hasta ahora. Si hubiera vivido hace ciento cincuenta años, y hubiera visto a alguien conectar un alambre a un orificio en la pared, con lo cual se iluminaría un pedazo de vidrio, seguramente hubiera creído que se trataba de un milagro.

La oración es como conectarse a una fuente de energía para posteriormente utilizar esta última en algo práctico. Dios escucha nuestras plegarias sin importar si son para nuestras propias necesidades, para otros, para un grupo específico, o para las necesidades generales del planeta. El "manto" de amor y energía curativa de Dios rodea al planeta como la atmósfera. La oración es la manera en la que accionamos esa energía.

En una ocasión les preguntamos a nuestros ángeles: "¿Quién es Dios?"

Respondieron: *Dios es el pegamento que mantiene unidos a los átomos.*

De pronto comprendimos la grandeza de Dios. Ya nos habían dicho una y otra vez que Dios es más grande de lo que los seres finitos se pueden imaginar; pero con la definición de los ángeles lo pudimos comprender mejor. Asimismo, pudimos ver que Dios está en todo, ya que se encuentra entre los átomos. El otro día nuestros ángeles nos dijeron: *No existe ni una sola persona en la Tierra que esté tan siquiera cerca de comprender lo que es y lo que hace Dios.*

Todo lo que necesitamos saber es que Dios ha encomendado a cuanto ángel es necesario para ayudarnos en cada una de nuestras necesidades. Si está buscando una cura en particular o un milagro, y en realidad no sabe cuál ángel es mejor para su caso, pídale a Dios que le envíe al ángel indicado. Pida específicamente que le ayude "el ángel que cura el cáncer", si esa fuera su necesidad. Pídale a los ángeles de la guarda de sus hijos que los protejan. El ángel indicado siempre acudirá aun si no lo solicita, pero muchas personas sienten mayor tranquilidad al pedir la presencia y la ayuda del ángel "indicado".

Las primeras veces que establezca comunicación con un ángel parecerá como un milagro, pero pronto se comenzará a sentir como si le estuviera hablando a un viejo amigo, y no dude que siempre habrá un ángel en donde lo necesite. Para nosotras, una de las cosas más sorprendentes acerca del contacto con los ángeles es que siempre están ahí cuando les pides que acudan. Para establecer contacto no necesita que suceda un milagro.

Si puede entrar en contacto con un ángel, también puede hacer que suceda un milagro. Los ángeles también pueden hacer que suceda un milagro. ¿Cómo? Aquí no estamos *descubriendo* el hilo negro. Pida. Tenga Fe. Permita que Suceda. Agradezca. No existe diferencia alguna en la manera en la que pide ayuda para encontrar un lugar en el estacionamiento con la forma en la que pide por una cura para su dolor, cuando solicita ayuda en la autopista, o cualquier otro tipo de necesidad.

En una de nuestras clases una mujer se molestó mucho cuando se mencionó este punto. Preguntó: "¿Quieren decir que encontrar un lugar en el estacionamiento es lo mismo que curar el cáncer de mi esposo?".

Obviamente, la importancia de las peticiones varía enormemente, pero la fórmula es la misma. Un lugar en el estacionamiento no es asunto de vida o muerte, pero si ya ha practicado *Los Cuatro Principios* en los pequeños detalles, no se le dificultará utilizar *Los Cuatro Principios* para los casos de mayor importancia.

Aquí es donde tiene que Permitir que las cosas Sucedan. Si un ser querido está muriendo y ya Pidió por su salud, y verdaderamente Tuvo Fe en que Dios tiene el poder para curarlo, entonces es necesario cederle el control total a Dios.

La historia de Donna

Mi experiencia con Dios, Sus ángeles y los milagros, fue muy diferente de lo que esperaba y mucho más hermosa de lo que imaginé. En junio, a mi esposo Ralph le diagnosticaron cáncer de páncreas y le dijeron que tenía de tres a seis meses de vida. Oramos para que sucediera un milagro. Nuestras familias y amigos oraban pidiendo un milagro. Queríamos que Ralph recuperara su salud y se le quitara el cáncer.

En ese entonces, yo estaba aprendiendo una técnica para aliviar el dolor y sentí como si Dios me hubiera puesto en ese camino para que yo pudiera ayudar a Ralph. Le ayudé utilizando mi don de curación para que pudiera controlar el dolor y los dos teníamos confianza de que estaba sanando. Nos sentimos llenos de dicha durante ese tiempo y disfrutamos los días que pasamos juntos.

A principios de octubre, me di cuenta que Ralph ya no mejoraba. Sentía mucho dolor y mis ángeles me dijeron que el fin llegaría pronto. Finalmente llegó el momento en que pasaba gran parte del tiempo en la cama. Recuerdo cuando me senté al borde de la cama, lo miré a los ojos y le dije: "Cariño, sigo orando para que suceda un milagro". Ralph me miró y pude ver el amor y la paz en su mirada y me dijo: "El milagro ya sucedió, ya no tienes que seguir orando". Ralph murió el 21 de noviembre. En paz.

Donna oró para que su esposo se curara del cáncer, pero murió. ¿Cuál fue el error de Donna? Ninguno. Ninguno. Ninguno. El milagro que ella quería es

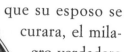

que su esposo se curara, el milagro verdadero fue que él muriera en paz. Dios, con su gran sabiduría, sabe cuál es el mejor milagro para cada uno de nosotros. Todos morimos y nuestros ángeles nos dicen que el método y el momento de morir es un asunto entre Dios y la persona que se encuentra en transición.

Ahora ya sabe que nada es demasiado grande para que Dios se lo conceda, o demasiado pequeño para que pase inadvertido a su amorosa atención. Quizá nuestra mente concuerda con lo anterior, pero después de que hemos pedido algo, ¿qué tanto *confiamos* en que en realidad sucederá y qué tanto dudamos acerca del resultado? Una vez que ha *pedido* un milagro, y *tiene fe* en que va a suceder, para bien, *¿cómo se desapega de él?* ¿Le parece imposible? ¿Cómo puede desapegarse del hecho de que quiere que su madre se salve, o que la granja de su padre salga adelante, o que su hijo recupere la vista? ¿Cómo puede desapegarse de lo que más desea sobre todas las cosas? Sólo un santo podría hacer eso, y ¡Dios sabe que los seres humanos no son santos!

Le queremos decir que no tiene que desapegarse de esa "cosa" por la que ha pedido tan fervientemente. Sólo tiene que desapegarse del deseo de un resultado. Conserve la pasión por su milagro, porque eso es parte del amor que siente. Pero en cuanto a *desear* un resultado, ¡desapéguese!

Por favor, no confunda el desapego con la falta de interés. Cuando usted *Permite que Suceda,* o se desapega, está dejando que Dios haga su trabajo. Entre más se aferre al "deseo", mayor será el riesgo de que el milagro no suceda, porque se está posesionando de lo que está pidiendo, y no le está entregando por completo su petición a Dios.

El desear es una barrera. Imagínese que es como una cerca. De un lado está usted pidiendo un milagro. Al mismo tiempo, usted ha construido una barrera que se llama "deseo". Del otro lado de la cerca está el resultado que usted quiere. Al desapegarse, o liberarse del deseo, elimina la barrera que se está interponiendo en la recepción de su oración.

El deseo denota una carencia. El deseo provoca miedo. Significa que no tiene algo y que su atención está enfocada en lo que no tiene, más que en su petición. Cuando elimina el "deseo" y se concentra para desapegarse, enconces se podrá concentrar en el resultado positivo que está pidiendo. Cada vez que usted dice que desea algo, ¡está indicando que no lo tiene! Cuando nos enfocamos en el "deseo" vemos la enfermedad, no la cura. Estamos enfatizando el problema, no la solución. Nos estamos aferrando a lo que creemos es mejor en lugar de liberarnos. Cuando nos hacemos a un lado, Dios puede hacer Su trabajo.

Ahora bien, ¿cómo se desapega del "deseo"?

Hágalo de la siguiente manera:

1. **Siéntese en silencio.** No es necesario meditar u orar.

2. **Piense** tranquilamente en su preocupación o temor y en su "deseo".

3. **Encuentre** ese lugar dentro de su ser en el que se aloja el miedo. Quizá se encuentre en su plexo solar, en el cuello, espalda, cabeza o corazón. Examine su cuerpo para sentir en dónde se encuentra la tensión conforme va pensando en su preocupación, miedo y/o "deseo".

4. **Respire.** Inhale, y cuando exhale relaje el área tensa del cuerpo en la que se localiza el miedo.

Repita. Una vez más. En cada intento sentirá cómo la carga de su temor y "deseo" va disminuyendo o comienza a desaparecer del punto en tensión. Cada vez la pesadez será menor, hasta que descubra que ya no siente ninguna preocupación o temor.

Le repetimos que ésto no significa que no le importa. De hecho, se sentirá más libre para ayudar en donde requieren su ayuda. El miedo es un sentimiento que inhabilita por completo. Si nos desapegamos también desaparece el miedo, y entonces se sentirá con más energía para resolver el problema. Además, como ya ha eliminado la barrera del deseo, su petición ya no está bloqueada. Esto abre un espacio y así el milagro puede ocurrir.

Este método para liberarse del "deseo" no tiene que utilizarse sólo en los momentos de crisis. El desapegarse es la forma de atraer cualquier cosa que quiera tener. Practique la técnica que acabamos de indicarle y aprenda a usarla cuando se sienta bloqueado para recibir todo lo que Dios le tiene a su disposición.

Cada mañana, nosotras comenzamos nuestras oraciones diciendo: "Dios mío, me ofrezco a ti por completo". En ese momento estamos dejando en

manos de Dios el resultado de cada acto o suceso del día. No siempre sabemos qué es mejor, pero sabemos que Dios sí sabe, y comenzamos el día entregándoselo todo.

Cuando Katie, la hija menor de Trudy, tenía trece años de edad, le diagnosticaron diabetes juvenil. Aunque fue una época de temor para todos en la familia, también se convirtió en una época de oración y desapego, de entrega a Dios. Cuando Katie dejo su hogar para ingresar a la universidad, Trudy sabía que necesitaba comenzar a desapegarse del "deseo" de controlar a Katie, su diabetes, las inyecciones de insulina, la comida y ¡todo lo demás relacionado con la nueva vida universitaria de su hija! Al poco tiempo, Trudy se dio cuenta que la única manera en la que podría superar ésto sería orando y pidiéndole a Dios y a los ángeles de Katie que la cuidaran y la ayudaran para que conservara la salud. Trudy descubrió que su temor se encontraba en la boca de su estómago y practicaba el desapego cada vez que lo comenzaba a sentir de nuevo.

Uno de los requisitos dentro del programa de estudios de Katie era que encontrara un trabajo de medio tiempo dentro de la universidad. El primer empleo que vio en la lista de "empleos disponibles" fue con un doctor que encabezaba la investigación en diabetes en el Centro Médico Universitario de Boston. Katie llamó, obtuvo el empleo, y ha aprendido más que nunca acerca de la diabetes y cómo cuidarse.

Para Trudy, ésta fue una calificación de diez, el milagro más grande.

La oración funciona. Quizá simplemente no funciona exactamente como usted cree o espera que funcione. Hemos visto cómo la curación se da de muchas maneras: como resultado de la oración, a través del contacto físico, a través del pensamiento positivo, incluso a través de un encuentro por casualidad. Y en algunos casos, de manera espontánea.

Cuando la energía curativa se hace presente, cualquiera a su alrededor la puede aprovechar. Cuando se da una apertura, Dios envía alivio a todo aquel que lo necesita. En varias ocasiones, quizá algo milagroso le suceda a *usted* mientras está ocupado orando por ¡alguien más! A menudo el sanador también resulta sanado.

LA CURA DE LINDA R.

Este es un relato de la experiencia que tuve cuando asistí a un curso de ángeles. Quiero compartir mis sentimientos y lo que ha sucedido desde entonces.

Recuerdo que esa tarde me sentía muy satisfecha con la experiencia del día. Todo lo que hicimos parecía darse de manera tan fácil. Cuando todos nos colocamos en círculo para finalizar con una oración, nos preguntaron si había alguien con algún problema de salud. Se nos pidió que nos pusiéramos al centro del "círculo curativo", para que el grupo pudiera rezar por nosotros. No dudé ni un momento. Durante dos semanas había estado padeciendo de un espasmo muscular que me estaba causando gran dolor. Ya lo había experimentado en el pasado y siempre necesitaba acudir con el doctor varias veces y pasar por un proceso de curación muy desagradable.

Entré al círculo sin saber que esperar de ello. Recuerdo que me concentré en una mujer de nombre Joan, quien también estaba enfrentando serios problemas de salud. Junto a ella, mi dolor parecía insignificante. Aunque yo pedí que se me quitara el dolor, mi atención estaba enfocada en Joan. En la oración final, enfocada a las curaciones, sentí cómo una energía fluía por todo el grupo, y también por mi cuerpo. Cuando terminamos la oración y nos soltamos de las manos, parecíamos estar más cerca unos de otros.

Me fui ese día sin saber exactamente qué es lo que había ocurrido. Al día siguiente me di cuenta que mi dolor había disminuido, pero no lo suficiente como para cantar victoria. Al finalizar la semana el dolor había desaparecido por completo, y ¡todavía no vuelve a aparecer! Estoy encantada.

Debo decirles, en este momento, que me considero una persona racional que no cree las cosas ciegamente. No tengo la certeza de que me curé gracias a los ángeles. Sin embargo, sí les puedo decir ésto: nunca antes este espasmo tan intenso había desaparecido tan rápido, sin tener que pasar por un doloroso proceso médico. Este dolor me ha impedido hacer muchas cosas, en una época incluso tuve que renunciar a mi trabajo.

Me gustaría creer que hay un ángel que vela por mí. Todavía no estoy segura de lo que siento, pero ahora estoy más cerca de convertirme en creyente. Si en verdad tengo un ángel, sí que es un verdadero regalo de Dios el que mi dolor haya desaparecido.

UN MENSAJE DE LOS ANGELES

Pequeños Nuestros:

Dios se encargará de sus preocupaciones, inquietudes y dolor, si se lo permiten. El les está extendiendo Sus manos y Su corazón, desea hacerlo, pero deben Permitir que Suceda. Escuchamos sus súplicas desde los puntos más recónditos de su alma: "¿Dios mío, qué más deseas de mí? ¿Qué me queda para darte?"

Y Dios les responde con amor: "Entrégame tu dolor. Entrégame tu miedo". Y sabes que no lo puedes hacer porque tu temor más grande es que no serías nada sin tu dolor.

Dios te dice: "Querido Hijo: No pienses que tendrás menos al darme a mí, por el contrario, encontrarás más. Yo te recompensaré, te glorificaré y enalteceré. No te quitaré algo para dejarte con una necesidad. No es así como opero. Yo doy. Yo amo. Y Yo curo. Así es como actúo. Tengo milagros para ti. Ábreles paso".

Una Oración Cristiana

Padre Nuestro

que estás en los cielos,

santificado sea tu nombre.

Vénganos tu reino, hágase tu voluntad

aquí en la tierra como en el cielo.

Danos hoy nuestro pan de cada

día y perdona nuestras ofensas

así como perdonamos

a los que nos ofenden.

No nos dejes caer en tentación,

y líbranos de todo mal.

Por los siglos de los siglos.

Amén.

Capítulo 8

Cómo Enfrentar las "Pérdidas", las Dudas y el Enojo

◦—▪◆▪—◦

Si experimenta alguna dificultad para comunicarse con sus ángeles, quizá sea el *deseo* lo que se está interponiendo en el camino. Simplemente *desapéguese* y escriba todo lo que se le venga a la mente. En nuestras clases son pocas las ocasiones en que los estudiantes *no* reciben un mensaje de sus ángeles. Sin embargo, cuando los lectores están tratando de aprender a comunicarse con sus ángeles a través de un libro pueden sentirse un poco más cohibidos. Quizá sienta mayor seguridad y menos dudas en un grupo de apoyo.

UNA CARTA DE MARK

El enfoque de su libro parece demasiado simple y sencillo. Quisiera saber si el asistir a su curso me ayudaría, ya que sigo estancado con el enfoque del libro. Me pregunto si su video en PBS me ayudaría más que la publicación.

Creo saber cuál es mi "destino" y cuáles son mis cualidades. Lo que busco es esa guía angélica y la ayuda para poder *llegar* a mi destino. En la actualidad voy caminando sin poder ver ni escuchar, y en verdad me gustaría estar en contacto con Dios y con mis ángeles. ¿Me pueden ayudar?

Mark está recibiendo mensajes. Quiere más pruebas y por ende intelectualiza su experiencia. No necesita más indicaciones. La comunicación con los ángeles surge del corazón... no de la cabeza.

━━ ◆ ━━

LA HISTORIA DE CHRISTY

Asistí a su curso de ángeles el domingo pasado y realmente lo disfruté. Quisiera poder expresarles lo mucho que me conmovieron el libro y la clase.

Tengo ciertas dificultades para comunicarme con mis ángeles. Les he pedido que me hablen y que me ayuden a escucharlos. Los siento y escucho temprano por la mañana. Sé que son ellos porque me siento reconfortada. Estoy consciente de que les estoy haciendo preguntas y de que me están respondiendo. Todo es como una especie de sueño... pero a la vez no lo es.

Cuando estoy totalmente despierta los sentimientos positivos permanecen, pero mis preguntas y respuestas desaparecen. No me queda recuerdo alguno de las preguntas o respuestas, excepto un increíble sentimiento de tranquilidad y alegría, lo cual es fantástico, pero necesito más. *Al estar escribiendo ésto he decidido que quizá sea importante que les pida me ayuden a comprender lo que me dicen.* Bueno, ¡es tan sólo una idea! Lo intentaré.

Gracias por su tiempo.

⊷ ⊷⬩⊱ ⊶

Christy está más receptiva con sus ángeles por la mañana porque no ha comenzado a "pensar". Se encuentra con una mayor disposición para comunicarse con los ángeles. Durante el día, su cerebro comienza a divagar y entonces se empieza a cuestionar los mensajes que recibe. ¡Nos encantó leer en su carta cómo ya había resuelto su propio problema! Las palabras en itálica son en realidad un mensaje angélico que recibió. Pidió más y recibió más en el siguiente pensamiento. Tiene una buena recepción.

En los siguientes párrafos se describen algunas de las razones más comunes por las que la gente siente que no está recibiendo mensajes:

1. **No los escucho.** La gente espera escuchar auténticas palabras al oído. Rara vez sucede así. Se da simplemente una sensación de saber qué escribir. El mensaje no llega a su cerebro u oídos primero, sino al corazón. Simplemente comience a escribir lo que se le ocurra. Muchos estudiantes nos dicen que si se rehusan a escribir lo que se les ocurre el mensaje se repite continuamente hasta que lo escriben. Otros dicen que si no escriben no tienen ningún otro tipo de comunicación hasta que comienzan a escribir nuevamente.

2. **Sigo pensando que estoy inventando todo.** El hecho de que piense que lo está inventando es prueba de que no es así. No duda cuando escribe una carta o una lista de comestibles. Simplemente escriba, deje descansar el escrito durante uno o dos días, después relea su men-

saje. ¿Puede distinguir la diferencia entre *su* escritura y la de los ángeles?

3. **¿Por qué no puedo seguir hablando con mis ángeles simplemente en mi cabeza?** Sí puede hacerlo. Sin embargo, recibirá más enseñanzas y mensajes más profundos cuando escriba sus ideas.

4. **Recibo mensajes muy aburridos.** Nosotros también hemos pasado por esos periodos. En ocasiones no suceden grandes eventos en nuestras vidas. Aquí es cuando puede preguntar. En ocasiones sus ángeles lo llevarán hacia un tema maravilloso a través de las *preguntas* que haga. A continuación le brindamos algunos ejemplos para empezar.

¿Qué nece vida?
Cuéntenme sito cambiar en miacerca de Dios.
¿Qué quieren enseñarme hoy?
¿A quién puedo ayudar o apoyar hoy?

5. **Ya no** *siento* **a mis ángeles.** Conforme va alcanzando un mayor desarrollo espiritual, se va integrando más con la energía de los ángeles. Al principio *usted* se encontraba en un punto y los ángeles estaban "allá". Después, la distancia o diferencia entre su energía y la de ellos fue

menor. El hecho de que ya no los pueda *sentir* de manera tan clara es evidencia de su progreso.

6. **¿Estamos alabando a los ángeles?** Nosotras hicimios la misma pregunta en una ocasión, los ángeles simplemente rieron y rieron. Nos dijeron: *Las oraciones no son para nosotros, no tenemos el poder para crear nada. Sólo podemos actuar con el poder que Dios nos otorga para hacerlo, nunca sucede de otra forma. Incluso si trataran de alabarnos como alaban a Dios, la oración simplemente pasaría a través nuestro hacia su verdadero destino. Directo al corazón de Dios.*

Cuando los Amigos y la Familia Dudan

Es muy frustrante cuando se tiene la maravillosa experiencia de comunicarse con un ángel y no se tiene el apoyo de la familia, o cuando sólo recibes por respuesta una mirada tolerante. Muchas personas le temen tanto a Dios que se traduce en miedo a cualquiera que hable de Dios o de cualquier ser divino, inclusive de los ángeles. Bárbara tiene una amiga que huye hacia su automóvil cada vez que surge el tema de los ángeles.

Creemos que es importante tener una relación estrecha con un amigo espiritual o un grupo espiritual. ¡El contacto con los ángeles es fascinante! Podemos sentir un fuerte deseo de compartir nuestros mensajes con los amigos, así que rodéese de personas que tengan las mismas creencias y por el momento, cuando menos, deje fuera de las pláticas angélicas a los amigos y a la familia incrédula. Tienen derecho a tener sus propias creencias.

Sin embargo, lo peor es cuando hay alguien en su vida que piensa que el contacto con los ángeles es algo maléfico y le advierte continuamente que le sucederán cosas malas en su vida, que le causarán daño. No se sorprenda si esta persona piensa que usted está en un error, ha tocado fondo, y rece por usted. Los ángeles nunca juzgan, reprenden, sermonean, o dan consejos, y se supone que nosotros tampoco. Los ángeles nos han dicho que cada uno ha llegado a donde se encuentra actualmente a través de su propia necesidad de estar con Dios a su manera muy personal. También nos dijeron que nosotros nos encontramos exactamente donde se supone que debemos estar hoy. Si no existe nadie más en su vida que crea en los ángeles, entonces *usted* será el primero en hacerlo. Agradézcale a la persona que está tratando de solucionar su situación. Los ángeles no necesitan ponerse "en oferta" con nadie, ni tampoco necesitan disculpas. Entran en contacto con los seres humanos cuando se les invita, o en el momento preciso. Recuerde que incluso usted quizá pensó en algún momento que los que hablan con los ángeles están un poco "chiflados".

Cuando las estaciones de la cadena PBS de los Estados Unidos comenzaron a transmitir *Hablando con Su Angel de la Guarda: Una Guía,* nuestro programa especial basado en nuestro primer libro *Hablando con Su Angel de la Guarda,* la reacción positiva fue abrumadora. También recibimos unas cuantas llamadas de personas que estaban preocupadas acerca de nuestro mensaje y el estado de nuestras almas. Decidimos no discutir con ellos acerca del contenido de nuestro programa, aceptamos sus ideas y les enviamos nuestras bendiciones.

Cuando oramos y le pedimos a los ángeles que estén con nosotros, corremos el mismo riesgo de que nos interrumpa una energía negativa como cuando oramos para que Dios se acerque a nosotros con su amor. En nuestra oración pedimos que nos cubran con el amor y la luz de Dios. Para que la energía negativa nos afecte, debemos invitarla a entrar. El pedir funciona de ambas maneras. Si se pide algo bueno, algo bueno llegará. Si se pide algo malo, ¡seguramente también lo encontrará!

Los ángeles nos han dicho que cuando oramos pidiendo protección nos rodean con su amor, y que son una fuente segura de información. Si le preocupa comunicarse con los ángeles, o va en contra de alguna de sus creencias, entonces comuníquese con Dios. Los ángeles son mensajeros de Dios y harán el trabajo que Dios desee en cualquier momento. Lo más importante es una buena comunicación.

Cuando el Mensaje Parece Equivocado

Al principio de nuestras comunicaciones, los ángeles de Bárbara le dijeron que conocería a su pareja perfecta en agosto. Desde entonces, Bárbara no ha pasado un mes de agosto tranquila. Algún día podría recibir un mensaje que no se realiza como los ángeles lo prometieron. Hemos aprendido que los ángeles no mienten y no le tomarían el pelo.

La historia de Cathy

Una amiga espiritual me recomendó que comprara su libro y siguiera sus enseñanzas para comunicarme con mis ángeles y ellos me guiaran por mi camino. Fue muy sencillo escribirles a mis ángeles y me encantaban los mensajes que recibía. Decidí renunciar a mi trabajo, pese al buen sueldo, de seis cifras, que recibía como vice-presidente de una importante empresa de bienes raíces. Necesitaba con urgencia que me corroboraran que había hecho lo correcto al alejarme de un ambiente sumamente negativo. Estaba convencida de que encontraría una mejor empresa con mayor ética profesional. Durante meses había recibido llamadas de las agencias de colocación, tratándome de convencer para que aceptara otros puestos que sí me atraían; por eso renuncié con la creencia de que mi nuevo trabajo estaba a la vuelta de la esquina. Los ángeles me dijeron que tendría un trabajo a más tardar el primero de octubre.

Bueno, el primero de octubre llegó y se fue. Seguí recibiendo mensajes reconfortantes. Decidí que las hermosas respuestas a mis preguntas tenían que surgir de alguna parte de mi propia conciencia que estaba respondiendo a mis deseos. Mi amiga me explicó que los seres espirituales no siempre son exactos con las cuestiones de tiempo. No podía creer que mis ángeles no pudieran ser precisos cuando, seguramente, comprenden ¡la importancia que tiene todo esto para mí! Estaba tan molesta con mis ángeles que me rehusé a seguirme comunicando con ellos y entonces traté de localizar a Trudy. Por fortuna no nos pudimos comunicar durante varias semanas, porque para cuando hablé con ella ya estaba yo mucho más tranquila y con una mejor disposición para recibir sus consejos.

Me sugirió que comprara un libro, *The Game of Life and How to Play It,* de Florence Scovel Shinn. Me senté a hojearlo antes de comenzar a leerlo detenidamente, abrí el libro en una página en la que hay un pasaje que dice: "cuando un hombre puede desear sin preocuparse, los deseos se cumplen de inmediato". ¡Vaya! ¿Acaso se me acababa de iluminar el entendimiento con un mensaje, o algo por el estilo?

Soy una ejecutiva de alto rango, esposa y madre de cuatro niños. Estoy acostumbrada a resolver los problemas y a responder de inmediato. Es difícil frenar y simplemente esperar a que seres superiores hagan lo suyo en su propio marco de tiempo.

Bueno, aquí estoy, esperando, comunicándome con mis contactos, repartiendo mi curriculum, esperando, haciendo suposiciones, preocupándome y esperando. Yo sé desde el fondo de mi corazón que voy a encontrar un trabajo maravilloso. Mi lección, claro está, es confiar en Dios. Todo me llegará en el momento preciso.

＊＊ ⚞◆⚟ ＊＊

Si la información desde su perspectiva no era la correcta, enfóquese en el objetivo y siga adelante con todas las nuevas opciones. A su alrededor existen muchas cosas buenas, emocionantes y positivas, no hay necesidad de contemplar lo que ya se perdió. Ahora se le están ofreciendo más cosas de las que se puede imaginar.

Le preguntamos a los ángeles por qué algunos mensajes parecen equivocados, y nos dijeron:

Nuestra respuesta es: dénse tiempo. Dénles tiempo a todos los mensajes. En ocasiones, cuando les damos la predicción de un suceso, piensen que sucederá en uno o dos días. En algunas ocasiones esto es cierto, pero es más frecuente que no exista un momento específico para que algo suceda. La agenda está regida por la sincronización de eventos.

Fluyan. Fluyan. Fluyan. Este universo está gobernado por leyes. Todo en el universo fluye hacia fuera surgiendo del centro, que es el génesis. Si algo no sucede como lo predijimos, sepan que es porque va a suceder algo mejor. En la vida de cada individuo siempre hay momentos de elección en los que se puede ir en una u otra dirección. Deberán utilizar el libre albedrío para decidir qué hacer. Existen muchas opciones disponibles. Si se hubieran casado con otro hombre, o hubieran elegido otra carrera, su vida ¿sería diferente? Sí. Los Cuatro Principios *funcionan con el libre albedrío, no por sí solos. Sus vidas no están predefinidas. No depende únicamente del destino.*

Sigue siendo crean su vida espiritual. Han tomado todas las decisiones fluyendo como mejor pudieron. Todos en el mundo se verán afectados por sus decisiones. Cada elección nos afecta a todos, porque cada uno de nosotros está conectado con los demás.

Cuando No Sabemos Qué Hacer con los Mensajes Angélicos

En algunas ocasiones recibirá información en un mensaje, y no sabrá qué hacer con ella. Una vez, por ejemplo, Bárbara recibió un mensaje para una mujer de nombre Julie, cuya historia aparece en *Hablando con Su Angel de la Guarda*. Julie tenía cáncer y estaba muy enferma, pero continuaba con el proceso de la quimioterapia. El mensaje era amoroso y reconfortante, pero como Bárbara no conocía a Julie, Bárbara no se sentía bien con tan sólo mandar el mensaje por correo. El mensaje era demasiado maravilloso como para ignorarlo, así que, finalmente, Bárbara decidió enviarle el mensaje por correo a Bob, el suegro de Julie, para que entregara el mensaje angélico en el momento más adecuado. Así se hizo, y Julie quedó muy agradecida.

Cuando decidimos qué información angélica compartir, nos preguntamos: "Si doy esta información, ¿mejorará o cambiará para bien la situación?". Si la respuesta es "sí", entonces compartimos los mensajes en el momento más oportuno. De no ser así, entonces no lo hacemos.

Cuando decidimos tocar a las puertas del reino angelical y pedimos información o guía, no lo podemos hacer de manera cualitativa. No se puede decir: "Está bien ángeles, díganme sólo la información positiva. No nos digan lo que no nos va a gustar". Es como si quisiéramos recibir la mitad de un regalo. Si nos vamos a abrir a las enseñanzas y a la información de los ángeles, también debemos estar listos para escuchar el amor y la verdad de todas clases. Los ángeles nos dan únicamente la información que Dios les indica.

Cuando Todo Parece Perdido

Existen ángeles para cada drama y circunstancia en las distintas etapas de la vida. Tenga la seguridad de que lo están apoyando a cada paso.

Ahora que lo analizo, yo supe que mi hijo había muerto un día antes de que naciera. El 2 de octubre yo tenía nueve meses de embarazo. Me sentía fatal y mi vientre era una piedra. A las 2:30 A.M. me desperté helada y temblando incontrolablemente, como si estuviera en *shock*. Mi respiración era entrecortada y tenía mucha dificultad para respirar, era como si cada una de mis respiraciones fuera la última de mi bebé.

A la mañana siguiente mi doctor me practicó un ultrasonido, y cuando no oyó el latido del corazón, dijo: "Hemos perdido al bebé". Su ayudante comenzó a llorar. Le llamaron a mi esposo para que estuviera conmigo mientras me iducían el parto. Nuestro hijo nació como a las 6:20 P.M., el 3 de octubre. Nos dijeron que tenía dos vueltas del cordón umbilical en el cuello. Di a luz al pequeño Eric en silencio, sin los primeros llantos de vida y sin ninguna acta de nacimiento que firmar. Sentía deseos de vivir para cuidar a mis otros hijos pero a la vez quería morir para poder estar con mi pequeño.

Después de que nació Eric sentí una ligereza increíble en mi cuerpo, y de inmediato le mencioné ésto al sacerdote. Me sentí tan ligera, como si alguien me estuviera alzando en sus brazos y me diera fortaleza y alivio. La habitación también estaba muy iluminada y se sentía como un santuario. A pesar de todo el equipo metálico y el ir y venir de los médicos, en verdad sentí un gran calor y una paz inmensa dentro de la sala. Había una paz y una ligereza indescriptibles.

Al día siguiente de que murió Eric era nuestro décimo aniversario de bodas. Llegué a casa con los brazos vacíos en el día que se suponía debía haber doble celebración. Durante los siguientes días y semanas sentí una fuerza y bienestar que sólo pudo provenir "del otro lado". Aunque mi pena era enorme, yo creo con todo mi corazón que una valla de ángeles y seres queridos ya fallecidos estuvieron conmigo durante los momentos más difíciles en el hospital y cuando regresé a casa.

He tenido dos experiencias con las que he comprobado que Eric se encuentra espiritualmente conmigo en la habitación. En ambas ocasiones me sentía abrumada por una gran tristeza, pero este sentimiento quedó reemplazado por un gran amor incondicional. De inmediato supe que mi pequeño me enviaba su amor junto con el consuelo de mis ángeles.

Oré mucho durante mi embarazo para que nuestro bebé estuviera bien, y aunque los recuerdos son sumamente tristes, también he experimentado la paz y la tranquilidad que Dios me ha enviado. Esto disminuye el dolor del recuerdo. Aunque parezca que no obtuve respuesta a mi plegaria por un niño sano, esta ocasión ha sido muy especial y de gran pureza. Me es difícil contarles a otros mi historia, porque no quiero que pierda el significado que ha tenido. Sin embargo, quiero que sepan qué fue lo que pasó, y espero lo comprendan".

La pena no es un sentimiento que disfrutemos, sino que es una parte de su recuperación. Existen ángeles que reciben al alma saliente en el cielo, y se aseguran que la transición sea reconfortante y sin temor. Sólo le podemos asegurar que existen ángeles que alivian la pena y se acercan al alma afligida que aún está con vida, y hacen lo que sea necesario para superar el momento difícil. Los ángeles lloran con usted.

Cuando Está Enojado con Dios

Cuando nos sentimos traicionados por alguien se requiere de tiempo para renovar la amistad. Si está molesto con Dios, su relación con El necesita sanar. Cuando la vida ha sido dura, injusta o dolorosa, no fue Dios quien lo lastimó. Fue otro ser humano el que utilizó su libre albedrío de una forma que usted no comprende. Si le robaran su automóvil no iría a reclamarle al fabricante. Sepa que no fue Dios quien lo desilusionó.

En ocasiones escuchamos comentarios como éstos, de gente que está verdaderamente enojada con Dios:

"Estoy tan enojado con Dios que no creo que me de nada".

"En el pasado nunca he recibido nada de lo que he pedido, ¿por qué habría ahora de ocurrir lo contrario?"

"Después de todo lo que ha pasado, nunca volveré a confiar en Dios".

"Oré y oré y El nunca me respondió".

¿Cómo es que puede haber un Dios si El hizo esto?"

"Si Dios es puro amor, ¿por qué sucedió esto?"

Nada se escapa de los problemas o las lecciones de la vida, pero todos pueden encontrar apoyo en la oración. Grítele a Dios si eso es lo que necesita.

Dígale el motivo de su enojo. Grite. Llore. Libere la energía de su enojo con Dios. Después pida Su ayuda. Siempre ha estado ahí. Siempre estará ahí.

A través de sus oraciones, sus ángeles le ayudarán a liberarse de su "deseo" y también de su enojo. Existe una razón mucho más importante para todo. No haga a un lado su esperanza. Todos están exactamente en donde se supone deben de estar, sin importar lo terrible, injusto o doloroso que a usted le parezca. Usted no hizo nada malo ni rezó indebidamente. Nunca sabremos cuál es el motivo o el objetivo de Dios. Eso está más allá de nuestro entendimiento.

Pida, Tenga Fe, Permita que Suceda y Agradezca el entendimiento, la paciencia y la fuerza para usted y sus seres queridos. Durante los momentos difíciles busque los milagros. Pero, sobre todo, fíjese cómo nunca está solo.

U<small>N</small> <small>MENSAJE DE LOS</small> <small>ANGELES</small>

Pequeños Nuestros:

Cuando todo parece estar perdido y pareciera que nunca más habrá alegría en sus corazones, miren el lado bueno. Busquen el lado positivo de cada situación, porque siempre lo hay. Cuando está sucediendo lo peor, también sucede lo mejor. Pero, ¿cómo pueden ocurrir cosas buenas cuando están sentados al borde de la cama de su hijo agonizante? Miren a su alrededor. Vean a los amigos que los rodean. Vean el apoyo que les brindan. Vean los rostros de los que lloran junto a ustedes, y sepan que no importa qué tan solitarios se sientan, no están solos. Y si no hay nadie con ustedes, entonces búsquenos a nosotros. No sólo ayudamos a aquel que se está muriendo, también apoyamos a aquellos que tienen que permanecer en la Tierra a terminar sus tareas.

Dios nunca envía maldad ni lástima. La agonía es parte de la condición humana. Dios nos da fuerza, alegría y amor. Búsquenlo siempre. Y por favor, pequeños nuestros, búsquenos, ya que somos nosotros quienes les brindamos la ayuda que manda Dios. Nos manifestamos ante ustedes de muchas formas. Cuando están llorando en la oscuridad, nosotros estamos a su lado acariciándoles y amándolos. En verdad nos sentirán. Lean nuevamente, nuestro bello poema, "La Caricia del Angel," nosotros siempre estamos ahí.

172

Transmítalo...

Nunca se nos hubiera ocurrido pedirle a Dios y a sus ángeles todo lo que nos han dado. Nuestros ángeles nos siguen diciendo: *Todavía falta lo mejor.* Después de que *Hablando con Su Angel de la Guarda* apareció en la lista de los libros más vendidos, nos dijeron que habría otro libro, basado en la información del primero. Tendría información más detallada y no tendríamos ningún problema con el contenido. De hecho dijeron que *el segundo libro ya se había escrito.* Efectivamente, porque fueron sus cartas, experiencias y preguntas las que dieron lugar al *El Devocionario de Su Angel de la Guarda.* Los ángeles dicen que habrán más libros. En ocasiones el milagro es tan grande, que ni siquiera nos damos cuenta de que está sucediendo. Todos estamos en medio de un milagro.

Estamos buscando "el secreto del significado de la vida", y nuestros ángeles nos han enseñado que no hay secreto. ¡Cualquiera puede saber lo que necesita en cualquier momento! Si algún secreto hemos aprendido, es que Dios y Sus ángeles siempre están presentes. ¡Es un secreto a voces!

Hemos aprendido a desapegarnos y permitir que los ángeles hagan lo que saben hacer mejor. Ellos pueden ver el "panorama completo" y nosotros, ciertamente, no; de hecho no tenemos ninguna necesidad de hacerlo. Nuestros ángeles se encargan de todos los detalles. Podemos pedir algo, pero hemos descubierto que los ángeles nos dan algo más, e incluso mejor, de lo que hubiéramos imaginado. Nuestra limitada mente humana no alcanza a comprender la generosidad del universo o la grandeza y bondad de Dios. Como nos dicen los ángeles: *En la Tierra los seres humanos dicen: "Me debes más". En el cielo, Dios y los ángeles dicen: "Quédate con el cambio"* Estamos aprendiendo lo que significa decir: "Aquí en la Tierra como en el Cielo". Nos están enseñando cómo funciona el cielo, y después, ¡nos dan ejemplos específicos! También hemos aprendido que estos regalos no son exclusivos de dos hermanas de Iowa. ¡Están totalmente a la disposición de todos!

Nos encantan sus historias y poderlos conocer personalmente mientras viajamos por todo el país dando seminarios y cursos. Nuestra dirección en la Web es www.angelspeake.com. Envíenos sus historias y experiencias. Los ángeles trabajan con usted pero también a través de usted. Cuando conozca a alguien que ame a los ángeles, enséñele cómo *Hablar con Su Angel de la Guarda.* Cuando encuentre a alguien que ha perdido la fe y tiene el corazón endurecido, pídale a Dios que le ablande el corazón y que lo cure con esperanza y amor. Transmita lo que los ángeles le han dado. Esta información es para compartirla.

Un ultimo mensaje de los angeles

Pequeños nuestros en todo el mundo:

Ya están trabajando para Dios. En su camino se han encontrado un milagro tras otro como prueba de que existimos y, sin embargo, todavía dudan. Pero mientras hacen el trabajo que Dios quiere que hagan se darán cuenta que Dios trabaja a través de ustedes. Si cuando menos respondieran con

un "quizá", entonces podríamos empezar.
Dios los ama tanto, que ha creado un reino
celestial de ángeles para que les ayuden a
encontrarlo. El verdadero milagro es Dios.
Nosotros sólo les decimos cuál ES el mensaje
de Dios. Nuestro mensaje es la verdad de
Dios. Nosotros estamos en la quietud.
Nosotros estamos en la espera. Nosotros
estamos ahí, en la sabiduría; sólo SEAN.
Nosotros estamos ahí.

...¡Créanlo!